「食」の図書館

ホットドッグの歴史

HOT DOG: A GLOBAL HISTORY

BRUCE KRAIG
ブルース・クレイグ【著】
田口未和【訳】

原書房

目次

はじめに　7

序章　ホットドッグとは何か？　9

ホットドッグとはソーセージである　10
ホットドッグの種類　13
ホットドッグとは何か？　15

第1章　ホットドッグの歴史　19

古代のソーセージ　19
中世のソーセージ　21
ドイツのソーセージ　22
アメリカに渡ったソーセージ　24
産業化するソーセージ　28
ホットドッグ誕生　30
神話　32

ハリー・モズリー・スティーヴンズ　37
ホットドッグはアメリカそのものである　40
万国博覧会　42
コニーアイランドのホットドッグ　44
原材料への疑惑　47
「パンにはさんだソーセージ」　50
大衆文化としてのホットドッグ　53

第2章　ホットドッグのつくり方　59

肉を切る、ひく　59　　肉を詰める　63
ケーシングの進化　66
「ウィンナー・トンネル」　69
ホットドッグには何が入っている？　70
さまざまな肉と添加物　72

第3章　ホットドッグの売り方　77

路上の屋台　77　　ホットドッグ・スタンド　81

ブランド化　85
パッケージとマーケティング　89
イメージ作戦　91
ダイエット時代　97

第4章　ホットドッグ文化　101

民族的背景　102
トッピングの誕生　105
起業家たち　108
草の根文化　113
東海岸のホットドッグ　116
五大湖地域のホットドッグ　122
南部のホットドッグ　123
南西部その他のホットドッグ　126

第5章　世界のホットドッグ　131

カナダのホットドッグ　133
ラテンアメリカのホットドッグ　134
ヨーロッパのホットドッグ　137
アジアとアフリカのホットドッグ　148

謝辞　155
訳者あとがき　159
写真ならびに図版への謝辞　162
参考文献　165
レシピ集　172
付録　ホットドッグ工場　173
注　179

［……］は翻訳者による注記である。

はじめに

あるときニューヨーク公共図書館近くの西42丁目を歩いていたら、小さなファストフード店の前にかなり太った男女が立っていた。ふたりとも両手にホットドッグを持っている。合わせて4つ。その横を通りすぎるとき、ひとりがしみじみとした声で、「なんといってもホットドッグだね!」と言うのが聞こえた。思わず振り返って見ると、ふたりは幸せそうに目をきらきら輝かせ、マスタードだらけのくちびるに笑みを浮かべていた。たった一言と身ぶりだけで、ホットドッグへの愛情とそれを食べる経験がどんなものかを完璧に表現していた。

世界中のホットドッグ・スタンドで同じような表情を見ることができる。これは単にソーセージとトッピングの絶妙な味わいが引き起こす現象ではなく、ホットドッグにまつわる文化的な背景によるものでもある。

19世紀の終わり頃から、ホットドッグはさまざまな伝承と商業の発達によってアメリカ文化の一部になった。もともと「ホットドッグ」という語は、アメリカ社会の大変革の時代に人気になった、ごく普通の大量生産されるソーセージに対して使われるようになったものだ。ヨーロッパからの大量の移民、大都市圏の本格的な発達、新しい大衆娯楽、情報テクノロジーの進歩のすべてが結びついて、期待に満ちあふれたアメリカの新たな国家アイデンティティ、伝説の「人種のるつぼ」が生まれた。ホットドッグはこの国家アイデンティティの象徴となり、当時の国民的スポーツだった野球ともしばしば結びつけられた。ある自動車メーカーが1975年に、「ホットドッグ、野球、アップルパイ、そしてシボレー」という記憶に残るキャッチフレーズでブランド化を目指したのも偶然ではない。

アメリカ人は公共の場所でホットドッグを食べるとき、自分たちが共有するアイデンティティのすばらしさをかみしめることで、この小さなソーセージに大きなおいしさを見出しているのである。

序章◉ホットドッグとは何か？

ホットドッグは古くからの料理の分類では「詰め物」料理に属する。しかし、ピーマンやナスを使った詰め物料理、ドルマ［ひき肉、香草、タマネギ、コメなどをブドウやキャベツの葉などに包んで調理するギリシアとトルコの料理］、エンチラーダ［トウモロコシのトルティーヤに具材を詰め、トウガラシのソースをかけたメキシコ料理］、ミショーテ［トウガラシやハーブに漬けた肉をマゲイの葉で包んだメキシコ料理］などとは違って、ホットドッグは動物の腸やその代用となる人工の皮に肉を詰めた製品だ。

同じような食べ物のサブカテゴリーには、肉だけでできた製品（肉以外の添加物を使うものもある）、肉と穀物を合わせたもの（スコットランドのハギスや東ヨーロッパのキシュカ）、そして、もっと最近の、魚肉や植物性タンパク質（通常は大豆製品）、小麦のグルテン、ときにはキノコなどを主とした「ホットドッグ」がある。後者には形だけホットドッグをまねたもっと大きな「詰め物」

イリノイヴァレー・セントラル高校の生徒だったアンドリュー・ハドソンが描いた「ホットドッグ」の絵。イリノイ州チリコシー、2007年。

の分類に含まれるものもあり、最近になって開発された「皮なし」の製品や、もとは皮に包まれていたがあとから取り除いた製品も同様だ。

◉ホットドッグとはソーセージである

本来、ホットドッグとは加工肉の一種の名称であり、具体的にはソーセージ、それも一定サイズのソーセージのことをいう（ボローニャは間違いなくソーセージだが、どれだけ材料が似ていてもホットドッグとは別物とされる）。肉については、基本のホットドッグは赤身肉――もし豚肉と子牛肉がこのグループに含まれるのであれば――を使う。家禽《かきん》が加えられるようになるのはもっとあとからで、アメリカ農務省は1996年に家禽を正式に肉として認定したが、魚と同じようにかつては「肉」の定義に含まれ

タマネギ、レリッシュ、ジグザグにかけたマスタードで飾りつけた理想的なホットドッグ。

なかった。

ホットドッグに分類されるソーセージは、肉を細かくきざむかすりつぶして「乳化させた（エマルジョン化させた）」肉製品として定義できるかもしれない。また、さらなるサブカテゴリーとして、ホットドッグは調理済みソーセージでもある。この正式な定義にしたがった状態のホットドッグは、パン（バンズ）にはさんで手に持って食べられるようにできている（パンの代わりになるものを使うこともでき、実際に使われている）。この意味で、ホットドッグはいくつかの食べ物の分類にまたがり、アメリカ独自の食べ物としてサンドイッチのひとつにも数えられる。おそらく潔癖症の子供や健康志向の人々をのぞき、ホットドッグに何もトッピングをせずに食べる人はほとんどいない。

アメリカ式のホットドッグは、18世紀後半から

19世紀にかけてヨーロッパからやってきた移民のあいだで最初に食べられるようになった。直接の祖先は、個人経営の精肉店で手づくりされたいくつかの種類のドイツソーセージだ。現在もまだ、ふたつのタイプのソーセージの名前がホットドッグの同義語として使われている。フランクフルト（フランク）とウィンナー（ウィーニー）である。それ以外に、チューリンガー（thuringer）もホットドッグの仲間に加えられるかもしれない。

ほかのソーセージの伝統もホットドッグに影響を与えた。たとえば、イギリス系アメリカ人が食べるポークソーセージ（「ホットリンク」とも呼ばれる）があるし、とくにニューオリンズやカナダのケベック州などフランス語を話す北米地域で食べられるフランスのブーダン（豚の血と脂をおもに使ったブラッドソーセージの一種）もある。「ポーランド風（ポリッシュ）」ソーセージはいまもホットドッグ・スタンドで売られているし、「イタリア風」ソーセージもパンにはさんで食べる。

どれもチューブ型をしているところは共通しているが、ほとんどは食感、風味、加工法がホットドッグとは異なる（たとえば、加熱していない状態で販売されることが多い）。ホットドッグとここで紹介した遠い親戚たちとの最大の違いはそのなめらかな質感で、これは19世紀の加工技術の進歩による。また、ホットドッグには独自の文化的、社会的な歴史がある。

◉ホットドッグの種類

ホットドッグに使う肉は、その種類によってさまざまだ。飼い犬の犬種と同じようにバリエーションはたくさんあるが、それぞれの祖先はそれほど特別なものではない。もっとも一般的なのは豚肉か、豚肉と鶏肉を合わせたもので、スーパーマーケットで個別包装されて売っていたり、飲食店のフードメニューになっていたりする。やわらかな食感で皮がなく、子供向け商品として宣伝されることが多い。アメリカ全土で展開するブランドにはオスカー・マイヤー、ボールパーク、アーマーなどがあり、これらをまねたローカルブランドもたくさんある。

もうひとつの主流グループとして、製造業者が「大人向け」ホットドッグと呼んでいるタイプがある。ほとんどはオールビーフ（牛肉１００パーセント）で、腸に詰めたものもあれば皮なしのものもあり、歯ごたえがよく味わいもより複雑だ。大手食品会社による買収で全米に流通するようになったブランド――ヘブリュー・ナショナルとネイサンズが有名――もあるが、ほとんどのホットドッグはヴィエナビーフ、サブレット、ボアーズヘッド、パール、ファーマー・ジョン・オールビーフ・プレミアムなど地方色の濃いローカルブランドによって、各地の都市文化に定着した。

もっと古くからあるが人気では劣るタイプとして、通常は人間が食べるには適していないとみなされる動物の部位からつくられるものがある。しばしば「ホットリンク」、あるいは「ヒルビリー・フランク」のブランド名などで知られているもので、これらには頬肉、くちびる、肺、腺《せん》などが使

ホットドッグは万人に愛される。1956年にアメリカを訪れたニキータ・フルシチョフ（当時のソ連第一書記）もレッドホット（ホットドッグの別名）を手にした。

われ、増量剤や赤い着色料などが添加される。

近年は植物や動物を他の種からの遺伝子の注入によって操作するのと同様に、ホットドッグにもさまざまな変化が加えられてきた。ソーセージにチーズをトッピングしたものが大人気になると、企業は乳製品を詰めたホットドッグを開発した。アメリカ人は溶けたチーズのかかった料理は何でも好む。そのため、こってりしたグレイヴィーソース風になるヴェルヴィータ・チーズ（クラフトフーズが1927年から売っているチーズ）が人気になった。やわらかいチーズを詰めた新製品のホットドッグは、ときにはハラペーニョなどの辛みを加えることもあるが、トッピングをシンプルにして「手に持って食べる」というホットドッグの特徴を維持するようにしている。この種のホットドッグでは、ソーセージ自体がケーシング（ソーセージの肉を詰める外側の皮）の役割を果たす。

◉ホットドッグとは何か？

世界で主流のホットドッグの中身は、次のような構成が一般的だ。大量生産される製品の場合は、通常は豚肉か、豚肉と鶏肉を合わせたものを細かくきざんでねり合わせた肉――エマルジョンまたはバッター（batter）と呼ばれるとろみのある生地にする――を使い、ケーシングについては皮なしのものと、腸またはコラーゲンでつくった天然ケーシングのものがある。法律によって脂肪分は最大30パーセントとされ、風味づけはスパイス、パプリカ（色づけのため）あるいはレッドペッパー

（カイエンヌペッパー）、ときには砂糖（コーンシロップのほうが多い）、ブラックペッパー、1・75～2・25パーセント程度の塩と亜硝酸ナトリウムなどで行なわれる。法律ではホットドッグに数パーセントの増量剤を使うことが認められており、通常は脱脂粉乳、ときには肉骨粉で増量する。以上のような材料を詰めたものに、木の芳香を加えるために燻煙《くんえん》する。ヒッコリーの木が好まれるが、人工の燻液《くんえき》を使うことも多い。これらの工程はメーカーによって違いがあり、独自の風味づけの正確な配合は企業秘密だ。とはいえ、味だけに関していえば、ホットドッグの主流ブランドのあいだに違いを見つけるのはむずかしいという人がほとんどだろう。

ホットドッグをそれだけで食べるとき、味覚としていちばん感じるのは、脂肪と水分（ソーセージのおよそ50パーセントは水分）からくるジューシーさ、塩味、そしておそらくは製品によって異なるわずかな風味の違いである。高品質のホットドッグは、風味と食感のバランスが絶妙だ。

ホットドッグの調理法、より正確には加熱法も種類ごとに異なる。たとえば、シカゴスタイルのオールビーフのホットドッグは熱湯にくぐらせるとおいしく、ニューヨークスタイルのオールビーフの天然ケーシングものは、そのままフラットグリルで焼く。それに対して豚肉ベースのホットドッグは回転式のグリルで焼くことが多い。ホットドッグ専門店で出すソーセージは、通常は粗びきのポーランド風か「ノックヴルスト」とも呼ばれるオールビーフの特大タイプで、直火またはフラットグリルで焼く。油で揚げるタイプのホットドッグもあり、ニュージャージー州でよく見かける。

レストラン以外で食べるホットドッグの調理法はバラエティに富む。電子レンジで加熱したり、

理想的とされるふたつのホットドッグのスタイル。奥はフライドポテトのトッピング、手前は伝統的なシカゴスタイル。

屋外で直火焼きしたりなどさまざまだ。熱湯にくぐらせるホットドッグをのぞき、いずれも実際には再加熱することで一定の食感や風味が引き出される。「本物」のホットドッグとされるものはその土地によって異なる。調理・加熱法と個人の味の好みで「本物」かどうかが決まり、味の好みはおもに子供の頃の経験からきている。

ホットドッグはアメリカの文化的アイコンであり、幸せな出来事や、家族や子供との思い出と結びついている。そしてアメリカ人が自らのアイデンティティの象徴のひとつと考えてきたものでもあり、現在もある程度はその位置づけを保っている。詩人が言いそうな言葉で表現するなら、「ホットドッグはあくまでホットドッグ、されどホットドッグはアメリカの象徴」なのである。

第1章◉ホットドッグの歴史

ホットドッグにはいくつかの歴史がある。ひとつは、ソーセージがいつどこで生まれたかという具体的な目に見える歴史。もうひとつは、ホットドッグがその一部に組み込まれた文化的な歴史で、それが「ホットドッグ」という名前そのものに関係してくる。そしてこれらとは別に、さらにふたつの歴史がある。ひとつは誕生神話が伝説となって語り継がれてきたもの。もうひとつは、俗世間での成功という現実の世界の歴史である。

◉古代のソーセージ

ホットドッグとは一定の種類のソーセージのことだが、このすばらしい食べ物の起源は時間の霧のなかに埋もれてしまった。わかっているのは、細かくきざむか何らかの加工をした肉を最初に動物の腸に詰めたものがソーセージの祖先となったということだ。これまでに見つかった考古学的な証拠は、約2万年前の後期旧石器時代からこの種の加工肉があったことを示唆しており、少なくともそれに続く約1万3000年～1万年前の中石器時代には間違いなく存在していた。これらは皮に入れて直火か、あるいはもっとあとの時代には熱湯を入れた穴で調理していたと思われる。スコットランドでいまも食べられているハギス［ヒツジの内臓、タマネギ、カラスムギ、各種スパイスなどをヒツジの胃袋に詰めた料理］の祖先と考えていいだろう。

ソーセージは世界のいくつかの地域で私たちになじみのある現在の形に進化したが、その起源は西洋の伝統に求めることができる。ソーセージが初期西洋文明の時代にアジア南西部（中東）でつくられていたと考えられる信頼できる証拠があり、アッシリアの文献で言及されている紀元前1千年紀［千年紀は1000年を単位として西暦を数える。紀元前1千年紀は前1000年～前1年］には間違いなく存在していたことがわかっている。(1)

ソーセージは同時期の地中海地方でもすでにつくられていた。紀元前700年頃の作とされるホメロスの『オデュッセイア』のなかで、おそらくそれより何世紀も前からある料理として、ブラッドソーセージのことが書かれている。『イリアス』と『オデュッセイア』のなかで生贄として捧げられたり殺されたりする動物の数を考えると、血のソーセージをつくるのも理にかなったことだっただろう。

ホメロスら詩人が英雄の冒険物語を吟じていたのと同じ頃、ギリシア人はイタリア半島とシチリア島に植民地を建設した。彼らがソーセージを現地の住民に伝えたのかどうかはわからないが、のちのローマ帝国ではソーセージ料理は欠かせないものとなった。美食家として知られるアピキウスが書いたとされる有名なレシピ集には、ルカニカ（lucanica）と呼ばれる燻製ソーセージが含まれる。その名前は、ギリシア人によって一部植民地化されたルカニアという地方にちなむ(2)。

その後、今度はローマ人が西ヨーロッパの広範囲を支配した。皇帝アウグストゥスの時代からライン川の西岸に沿って建設された要塞は、ローマ人がゲルマン語を話す民族と接触するきっかけをつくった。それから4世紀のあいだにローマ人はライン川地方の人々を同化させ、トリアー［現在のドイツ西部の都市］などの町は商業と行政の中心地として発展した。ローマ人の肉屋がゲルマン人にソーセージの調理法を教えたかどうかは疑わしい。というのも、ゲルマン民族の大部分はローマの支配下に置かれたわけではないし、内臓に詰めた肉はこの地方でもそれよりずっと古くから食べられていたからだ。しかし、ローマ帝国の威光が薄れてからも長く、ローマの技術がこうした古い町で生き続けたというのも考えられないわけではない。

●中世のソーセージ

政治体制は移り変わりが激しいが、ソーセージは変わらない。中世以降にソーセージが日常的な食べ物になったという証拠はたくさん残っている。スペインからドイツ、さらに東のロシアまで、農民は――人口の大部分が農民だった――豚を育て、ソーセージをつくった。肉を塩漬けにしたり、燻煙してソーセージにする作業は冬に多く行なわれ、次の肥育の季節まで、あるいはイースターの祭日［4月が多い］の時期まで保存した。想像上の理想郷「コケイン」に、ソーセージでできた壁があるのも不思議ではない。少なくとも14世紀のイギリスの詩『コケインの地 *The Land of Cockaygne*』にはそう書いてある。その満ち足りた豊かさのイメージは、ソーセージの図像とアメリカのホットドッグ・スタンドにいまも残っている。

中世のヨーロッパで栄えた都市では、脂肪分が豊富なソーセージが町の肉屋の看板商品でもあった。現存する14世紀から15世紀のソーセージのレシピはおもに貴族の邸宅の厨房でつくられていたものだが、庶民を相手にした肉屋で売っていた商品もそれほど大きな違いはない。(3) ソーセージに関するもっとも古い規制も、同じくらいの時代のものだ。

２００７年にドイツのヴァイマールの研究者が、チューリンガー・ロストブラートヴルスト（Thuringer Rostbratwurst）に関する１４３２年の法律を発見している。(4) 豚肉でつくるソーセージはつくった朝のうちに食べなければならないとする法律で、新鮮なうちに食べるという点ではバイエルン地方のヴァイスヴルスト（weisswurst）がその典型だ。

●ドイツのソーセージ

ドイツ語圏のソーセージ、とくにフランクフルター（フランクフルト）とヴィーナー（ウィンナー）

はこれ以降の世紀の文献に頻繁に登場するようになる。フランクフルトの起源についてはいくつか説があり、15世紀に生まれたとするものもあれば、17世紀としているものもある。時代はともかく、フランクフルトのはじまりは加熱または燻煙した豚肉のソーセージだったかもしれないが、豚肉と牛肉を合わせたものに特徴的な風味づけ（とくにコリアンダー）とスモークの芳香を加えたもののほうがよく知られていた。

19世紀後半になると、牛肉100パーセントのものが現れる。グレフ・フェルジングス社が有名だが、おそらくこのメーカーだけがつくっていたわけではない。アメリカでもっとも一般的なのがこのタイプのオールビーフのソーセージだが、フランクフルトそのものとの特別な結びつきがあるかどうかははっきりしていない。

ヴィーナーの歴史も同じくらい古い。これはあらかじめ加熱処理された「ウィーン生まれのソーセージ」であり、ヨーロッパでは細かくきざんだ牛肉、豚肉、子牛肉を混ぜて使う。正規のヴルストマハー（ソーセージづくりのマイスター）がつくるものは、フランクフルターとヴィーナーのあいだに大きな違いはなく、おそらくヴィーナーのほうがニンニクを多く使っていることくらいだろう。(5)

これがアメリカに渡って大量生産されるようになると、「ウィンナー」という言葉は、通常は豚肉か、豚肉と子牛肉の合わせ肉、あるいは最近では豚肉と鶏肉の合わせ肉に軽く風味づけした、やわらかい食感のものを意味するようになった。ヨーロッパでいえば、セルヴェラート［豚肉か牛肉に脂身と調味料を加えて燻製にしたソーセージ］や加熱処理したヴァイスヴルスト――19世紀から20

世紀はじめのアメリカではボローニャと呼ばれていたソーセージ――に近い。

ヨーロッパのソーセージの種類は数百におよび、ブラートヴルストだけでも40種類以上ある。多くは家庭でメイン料理として食べるためのものだが、公共の場で提供される食べ物の伝統的なメニューになったものもある。その代表はフランクフルター、ヴィーナー、さまざまなブラートヴルスト、フランスで一般的なソーシス（レバーが主体のブーダン）、ポーランドのキェウバサなどだ。現在もこのうちのいくつかはパンと一緒に出したり、切れ目を入れた小さなロールパンにはさんで売っていたりするが、とくに有名なのはドイツのチューリンガーだろう。

中世から現在まで、ヨーロッパのあらゆる市場やお祭りにはソーセージ売りの姿があった。当然ながら、北米へやってきた移民たちは彼らの食文化を新しい土地に持ち込んだ。そうしたソーセージ、とくにドイツのソーセージが、アメリカのホットドッグになったのである。

◉アメリカに渡ったソーセージ

17世紀と18世紀に北米に渡ったヨーロッパ移民のグループのなかでもいちばん多かったのはイギリス諸島からやってきた人々で、伝統のポークソーセージ（バンガーズ）も一緒に持ち込んだ。エリザ・スミスが書いた『完璧な主婦、あるいは成功した上流婦人の友 *The Compleat Housewife, or Accomplish'd Gentlewoman's Companion*』など、植民地で刊行された最初期のイギリスの料理本は、生

ソーセージは古くから庶民のためのストリートフードだった。これはホットドッグの祖先を路上で売る商人を描いた1790年代のフランスのイラスト。

のポークソーセージなどのレシピを載せていた。これはアメリカの地方の家庭で20世紀後半までつくられていたものとほとんど変わらない。

レティス・ブライアン夫人の『ケンタッキーの主婦 *The Kentucky Housewife*』にも載っているが、かなり準備に手間のかかる料理だ。まず肉をミンチにして上質のラード（リーフラード）と混ぜ、各種スパイスで複雑な風味づけをする。その肉を豚の腸に詰め、最後にスモークする。最終的にでき上がったものは、テーブルで食べるのが適している。著者はこれを揚げるか焼くかして、トーストと溶かしバターと一緒に出すことをすすめているからだ。(6) これらは安上がりなストリートフードではなかったが、ヨーロッパからアメリカに渡ってきた多くの民族グループのあいだでは、ソーセージが日常的な食べ物だったことがわかる。

その後、ソーセージは大量生産されるようになる。アメリカ南北戦争（1861〜65年）以前には、ソーセージは個人経営の精肉店で手づくりされていた。1867年にニューヨークの市場を調査したトーマス・ファリントン・デ・ヴォーはこう書いている。「高級なソーセージは豚肉だけでつくられる。細かくきざんで風味づけし、腸のケーシングに流し込むか詰める。都市でつくられるソーセージは一般的にサイズがかなり小さい。肉は子ヒツジの腸に詰められるからだ」。また、未来のホットドッグを予見するようなふたつの点がデ・ヴォーの注意を引いている。「店によっては使われる肉の種類や品質が疑わしいものもある。ケーシングに詰めてしまうと、外から見ただけではどの動物の肉を使っているか、どんな状態の肉が使われているかがほとんどわからない。買う

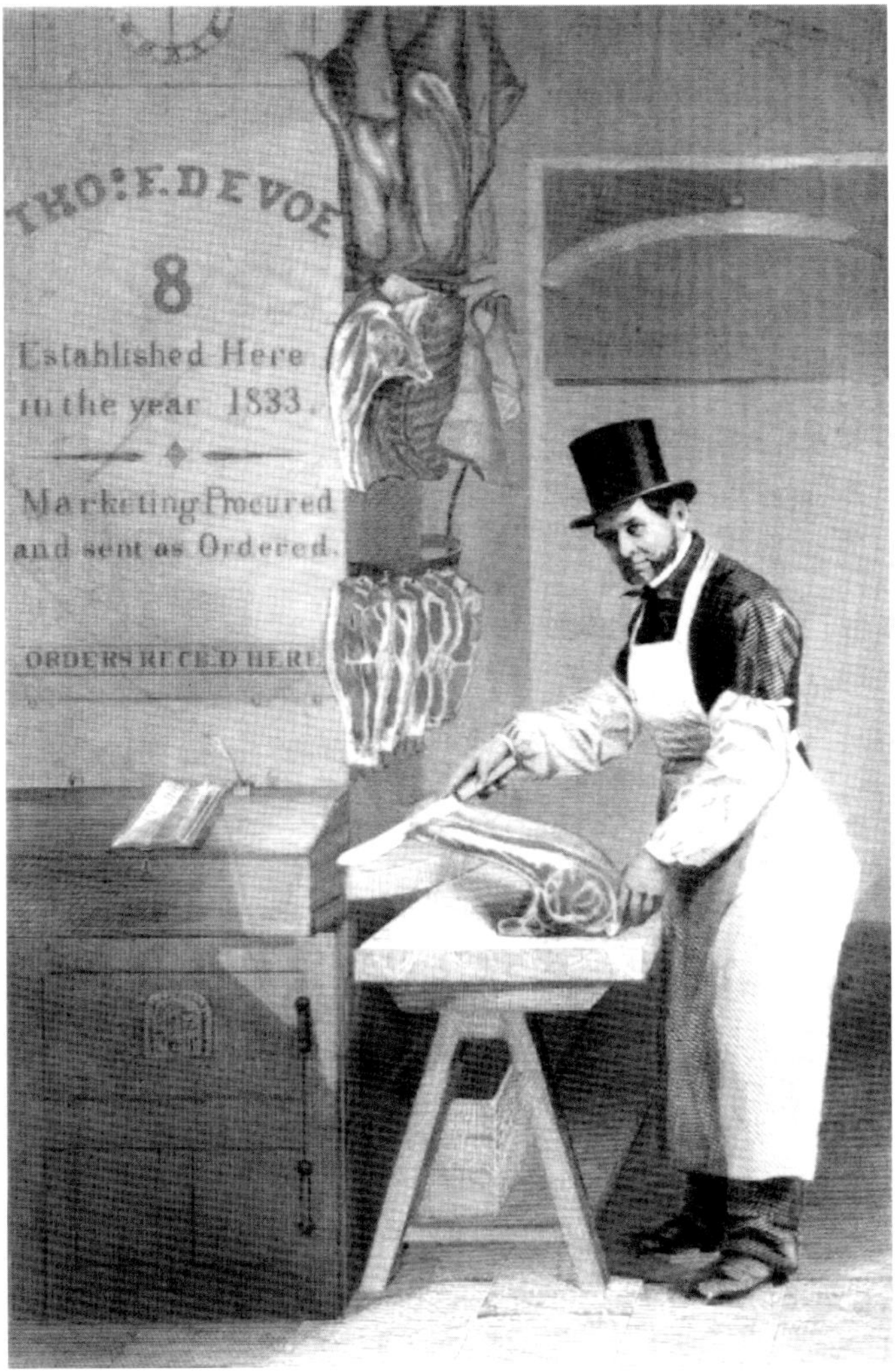

1867年、肉屋の経営者で著述家でもあったトーマス・ファリントン・デ・ヴォーが、優雅な服を着て、まさに肉を切ろうとしている。

側がとれる対策は、なじみのある店で買うか、肉を買ってきて自分でソーセージをつくるかのどちらかしかない(7)」

これとは別に、「コモン・プディング」と呼ばれるものも労働者に売られていた。「このプディングは豚の皮、肉牛の頭部の肉、豚のレバーなどでつくられ、風味づけしてから牛のケーシングに詰めて加熱する。値段は安い(8)」。得体のしれない材料が使われているのではないかという疑念はつねにホットドッグ伝説の一部となり、そこから犬との連想が生まれた。しかし、アメリカでは安く買える食べ物であることが何より重視される。

デ・ヴォーの調査から44年後に行なわれたアートマス・ウォードによるニューヨークの市場調査では、さまざまな種類のソーセージが売られていたことが報告された。この報告には「フランクフルトソーセージ」や「ウィーナーあるいはヴィエナ・ソーセージ」も含まれている。そしてこの頃までには、大部分の種類のソーセージが機械でつくられるようになっていた(9)。

●産業化するソーセージ

アメリカで売られる多くの製品と同じように、南北戦争後の時代には食品の産業化も進んだ。最初に機械化の影響を受けた食品産業が精肉業界である。アメリカ人が大の肉好きだったからだ。1865年にシカゴに開設された食肉処理施設ユニオン・ストック・ヤードは、動物が鉄道で直接運びこまれる大規模なものだった。１８７０年代にはスウィフト、アーマー、モリス、ハモンド、カダイ、モレル（シンシナティ）、ホーメル（ミネソタ州）などの加工肉メーカーが、屠畜、解体、油脂の抽出、加工から、国内各地の市場への製品の輸送まで、食肉処理を効率的に行なう方法を確立した。鳴き声以外は豚のすべての部位をあますところなく使った、と言ったのはスウィフト社の創業者グスタヴァス・スウィフトである。

スウィフトのこの言葉は、安いソーセージがどんなものかを教えてくれる。あるソーセージメーカーが出している本に掲載されているレシピのひとつは、材料として豚と牛のトリミング肉（肉の整形の際に出る端肉《はにく》や骨まわりの肉）、心臓、頰、頭部の肉を挙げている。ほかのレシピでは、タン、肺、腺や、部位を特定しないさまざまな肉を材料にしている。

アートマス・ウォードは、もっとも安いソーセージについて次のように表現している。「安いソーセージはかなりの割合がジャガイモ粉、コメ、パン、クラッカー、その他の増量剤からできており、肉はおもに〝トリミング肉〟――たとえば頰の肉――だ。おいしそうな赤い色を出すために、しばしば着色料が使われる」。初期のホットドッグは、間違いなくこの種のソーセージだった。いまでも一部はそうだろう。

精肉業者がくず肉や臓物をより効率的に加工し、利益を上げられるようになったのも、新しく導入された加工用機械のおかげだった。１８６８年に蒸気を動力に使ったソーセージ用の肉ひき機《ミートチョッパー》が導入されると、45キロの肉を30分でミンチにできるようになった。(10)

19世紀末までには数種類の強力な肉ひき機が開発され、広く使われるようになる。とくに有名だったのがブル・チョッパーだ。ソーセージをケーシングに詰め、適当な間隔でねじって鎖状にし、塩漬け、加熱、燻煙するための電動の機械が登場するのは20世紀後半になってからだが、それをもってホットドッグは手頃な値段で買える本当の意味での大衆市場向けの加工食品になったと言える。そして、ホットドッグという名前が生まれたのも、アメリカで食品加工法の大変革が起こったこの時期のことだった。

◉ホットドッグ誕生

「ホットドッグ」という名前はきわめてアメリカ的だ。社会の厳しい現実を皮肉たっぷりにとらえるアメリカ人ならではのユーモア感覚と、伝説好きの彼らの性分から生まれた名前である。また、アメリカは商魂たくましい人々の国であるから、この名前はマーケティングのツールでもある。こうして名づけられた「ホットドッグ」は、まぎれもないアメリカの食べ物といえるだろう。

これまでわかっているかぎり、「ホットドッグ」という言葉が最初に使われたのは1893年9月28日付の『ノックスヴィル・ジャーナル』紙のある記事においてであり、「ヴィーナーヴルストの職人たちでさえ、土曜の夜に売る『ホットドッグ』の準備を始めた」と書いてある。(11) ホットドッグの名前の由来については1920年代以来、いくつかの〝公式の〟話が流布している。なかでもよく知られている次のストーリーは、この名前の由来とされる出来事とともに、アメリカ人の考え方と文化についても多くを教えてくれる。

1901年4月、この時期にしては寒い日のことだ。ニューヨークの野球場、ポロ・グラウンズにやってきた数少ない観客は、厚いコートに身を包むか、スタジアムで貸し出される毛布にくるまって震えていた。しかし、荒れた天気もニューヨーク・ジャイアンツ（ジャイアンツは1958年に本拠地をサンフランシスコに移動し、サンフランシスコ・ジャイアンツとなる）の熱狂的なファンたちの士気をくじくことはなかった。ここに来ているのは、数こそ少ないものの骨の髄からのファンたちだった。この負け続きのチームの観客動員数は数年前から目に見えて減少していた（ジャイアンツが伝説の選手兼監督ジョン・J・マッグローのもと優勝と多数の観客を取り戻すのは翌年の1902年以降のことだ）。

当時の野球場はどこもそうだったが、ポロ・グラウンズも木造の建物で、座席数は少なかった。同じ場所に鉄筋コンクリート造の〝近代的〟な野球場が建てられるのは、火災で古い木造観客席が焼け落ちたあとの1911年のことである。[12] この頃から、全米メジャーリーグチームのスタジアムが危険な古い木造から鉄骨造に建て替えられるようになったが、それもまたやがて旧式の建築となり、現在はほとんどすべてが再改築されている。

その4月の寒い日、ジャイアンツのファンたちは暖をとるもうひとつの手段を見つけた。食べ物である。20世紀を迎えるずっと以前から、アメリカの野球場では、ほかの公共イベントの会場と同じように、食べ物の屋台や売り子は風景の一部となっていた。ピーナッツ、チューイングガム、タバコ、ソフトドリンク、アイスクリームが、当時の人気商品だ。球場で商品を売るのは、通常は球団が許可した販売業者だった。

こうした販売業者のなかでも大きな成功を収めたひとりがハリー・M・スティーヴンズ（スコアブックを発明したイギリス人で、熱狂的なジャイアンツのファンでもあり、名監督のマッグローとも個人的に親しかった）で、１８９５年にポロ・グラウンズでの独占販売権を獲得していた。伝えられるところによれば、この日からニューヨークで野球と結びつけられるようになった食べ物を売るように指示されたのは、スティーヴンズのもとで働く売り子たちだった。そう、話の続きはおわかりだろう。いまでは日常語になっているその食べ物は、この日名前が与えられたのである。

◉神話

世の中に広まったこのエピソードにはいくつかのバージョンがある。そのなかで１９３５年にジャーナリストのクエンティン・レイノルズが伝えた次の話が、やがて定説となっていく。

ハリー・スティーヴンズはこの日は暖かくなることを期待してアイスクリームとソーダを大量に仕入れていた。しかし予想に反して天気は悪かった。彼は考えをめぐらせた。そして、息子のフランクがその何日か前にしていた話を思い出す。そうだ――一発試してみる絶好のチャンスだ。「このあたりの肉屋という肉屋すべてに買いに走らせろ……あのドイツソーセージをあるだけ全部買い占めるんだ。細長くてダックスフントみたいな、ドイツ人がフランクフルターとか呼んでいるソーセージだ。それから近所のパン屋に行ってありったけのロールパンを買ってこい。今日の客は温かい食べ物を欲しがっている。だから温かいものを売るんだ。それとマスタードも買ってきてくれ」

彼の部下たちは近所中を走りまわり、すぐにものすごい長さの〝ダックスフント〟ソーセージを抱えて戻ってきた。スティーヴンズは球場の小さな厨房でソーセージを加熱し、次々とロールパンの上にのせてはマスタードを塗っていた。そして、売り子たちにこの新しいサンドイッチを「レッドホット」と呼ぶように指示した。「客は寒さに震えている。何かホットなものを欲しがっているはずだ」。売り子の少年たちはめいめいスタンドに散らばっていくと、「レッドホット・ダックスフント・ソーセージだよ！」と大声で叫び続けた。当然ながら、観客は大よろこびとなった。売り子が抱えるレッドホットの入った箱はみるみる空になり、客たちはがつがつとむさぼった。

その日、記者席に座っていた『ニューヨーク・ジャーナル』紙のT・A・ドーガン、通称TAD《タッド》──「最高の新聞漫画家にして言葉の魔術師」──がそのようすを観察していた。当時の新聞のスポーツ欄には漫画がつきもので（のちには社説面やコミックページに掲載場所が移っていく）、漫画家たちはさまざまなプレイや目立った選手らを風刺的に描いた。いつものように何か新しいネタを探していたドーガンは、ソーセージを夢中になって食べている観客の姿を見てピンと来た。

レイノルズの伝える話によれば、どんな切り口の漫画にしようか考えていたドーガンは、ダック

AL SPORTING PAGE

Cyclers Continue Their Grind.

X-DAY RIDERS TO MAD SPRINTS.

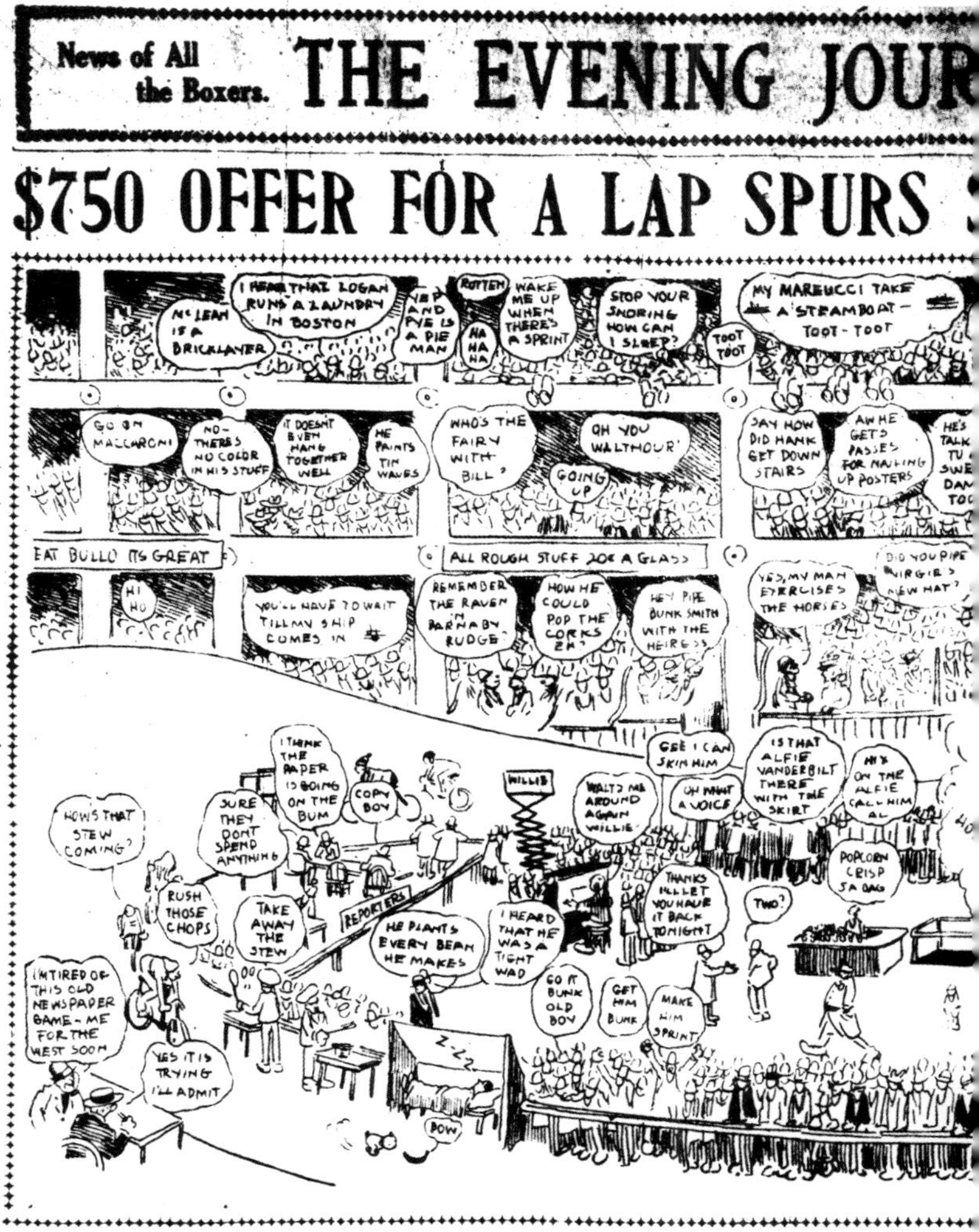

トーマス・A・ドーガン（TAD）の記録に残るものとしては最初のホットドッグ漫画。1901年の野球の試合ではなく、1906年の自転車6日間レースの場面を描いている。

スフントは犬なので、新しいサンドイッチを「ホットドッグ」と呼ぶのがいいだろうとひらめいた。「それからほどなく、ドーガンが漫画のなかで『ホットドッグ』と名づけたこのサンドイッチは不滅の食べ物となった……それ以来、ホットドッグは野球場、競馬場、自転車の6日間レースをはじめ、多くのスポーツ観戦に欠かせなくなった(13)」

この話はほとんどの部分が事実とは異なるが、1935年当時のアメリカの読者に受け入れられるだけの説得力はあり、いまだに語りつがれている。しかし、それらしき最初の漫画は発見されておらず、1906年の自転車6日間レースを描いたものの1枚に、売り子が「ホットドッグ」をひとつ5セントで売っている姿があるのみである(14)。それでも、ドーガンはこの1901年のエピソードが実際に起こったことだと言い続け、1906年の漫画とその後の何年かに発表した数枚は「それを記念するために描いたものだ」と主張した。

ドーガンは長くアメリカの俗語の「考案者」として知られていた。「キビッツァー(kibitzer)」(横から余計なことを言う人)、「23スキドゥー(23 skidoo)」(急いで立ち去る)、「ダックスープ(duck soup)」(たやすいこと)などのフレーズを思いついたのもドーガンだといわれる。したがって、「ホットドッグ」を彼の造語だとするのもごく自然なことに思えた。

ただし最近の調査によれば、「ホットドッグ」という表現は実際には少なくとも1890年代半ばから使われていたことがわかっている。パンにソーセージをはさんだものが公共の場所で売られていたこと、野球が人気の大衆娯楽だったこと、営業ライセンスを持つ販売業者が新たにやってきた移民コミュニティの需要に応じたこと、都市部を中心に新しい言葉が広まっていったことなどはすべて本当だが、スティーヴンズとドーガンの話は偉大なるアメリカ神話の類《たぐい》に近い。

◉ハリー・モズリー・スティーヴンズ

1855年にイングランドで生まれたハリー・モズリー・スティーヴンズは、1882年にオハイオ州ナイルズに移り住み、そこで製鋼所の労働者として働きはじめた。その後、1887年のストライキ中に本の訪問販売セールスマンになり、天職を見出した。おそらく同じ年、オハイオ州コロンバスで野球の試合を観戦していたときに、ユニフォームに背番号が入っていなければ、選手を区別するのは——少なくともたまたま野球観戦に訪れた客には——むずかしいということに気がついた。そこで彼は登録選手の名前を載せた試合のプログラムとスコア表（スコアブック）を〝発明〟し、「スコアブックなしでは選手の区別がつかない」のフレーズを生み出した。野球は統計がものをいうスポーツであり、1850年代からスコアブックの必要性は認識されていたものの、大勢のファンのために商業的に生産されることはなかったのである。

野球場でのスコアブックの販売権を取得すると、口達者なスティーヴンズは、1887年のワールド・ベースボール・チャンピオンシップ——アメリカン・アソシエーション・リーグ覇者のセントルイス・ストッキングス対ナショナル・リーグ覇者のデトロイト・ウルヴァリンズ——で、これ

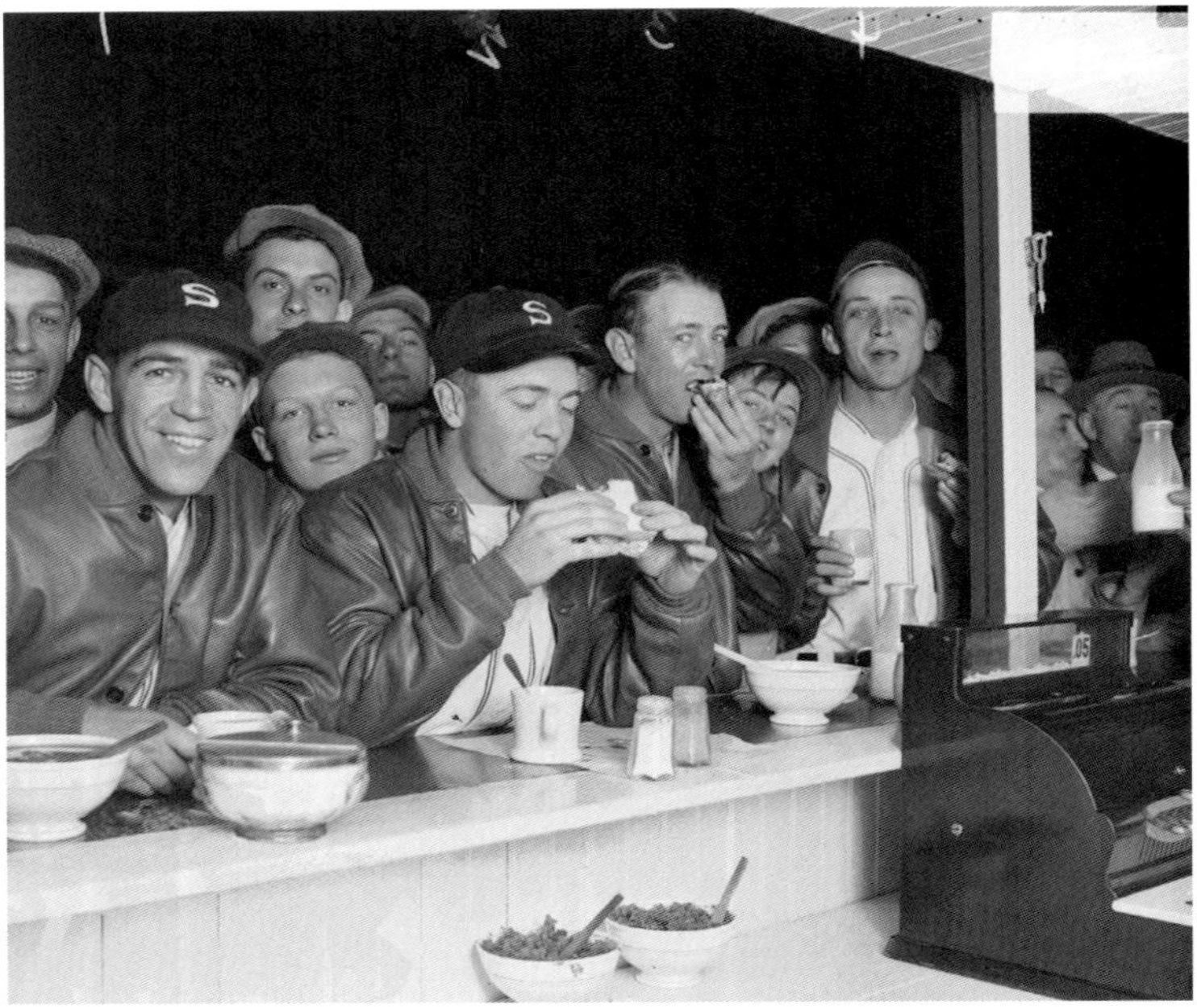

ホットドッグはどの時代にもスポーツ、とくに野球と結びつけられてきた。球場のスタンドでホットドッグを食べているシカゴ・ホワイトソックスの選手たち。1930年頃。

を売りはじめたようだ。地元でそれなりの成功を収めた彼は、1894年のニューヨークをはじめ、ほかの町にも進出し、食品、ピーナッツ、炭酸飲料、ポップコーン、やがてはパンにはさんで出すホットソーセージ、すなわちホットドッグへと事業を拡大していった。

1934年に亡くなる頃までには、スティーヴンズはケータリングビジネスの帝国を築いていた。グラントランド・ライス（当時のアメリカでもっとも有名なスポーツライター）が書いた死亡記事にはこう書かれていた。「彼は売れそうなホットドッグのつくり方を

1920年のペナントレースを制したブルックリン・ドジャースのファンたちが、エバート・フィールドでの試合前にホットドッグを楽しんでいる。

1分で指示したかと思えば、その1分後にはシェイクスピアかブラウニングかキーツを読むことができた。商人でありながら、心はいつも詩人だった。……なにより強烈な個性の持ち主で、活力が全身にみなぎっており、すぐに人々の注目を集めた」[15]。移民としてやってきた陽気な商売人にして堂々たるこの起業家は、当時のアメリカ人が好んだアメリカのサクセスストーリーのまさに体現者だった。

機知と勇気といくらかの幸運の力で、何か新しいものを生み出すという輝かしい瞬間を経験し、それによって富と成功を手にする独立独歩の人物の伝説ほど、アメリカ人に好まれるものはない。エジソン、ベル、マコーミックなど多くの人物が、19世紀末までに優れた起業人の殿堂入りを果たした。4月のあの日、球場の多くのファンは「アメリカにしかない」「ヤンキーの発明の才」という言葉を口にしていたに違いない。この物語の背景にあるのは、たくましい個人主義、型破りのやり方で成功をつかむ立身出世という概念だ。

産業革命時代のほとんどのアメリカ人の生活は、実際にはどんどん大きくなる経済の歯車となって働くというものだったが、それでも彼らはこの独立独歩の精神を好む。大衆文化やときには経済分野でそれが発揮されることもある。市場には行商人、小規模な店主、ホットドッグ売りが入り込める小さな領域がいくつもあった。これから見ていくように、ホットドッグ・ビジネスに携わる者の多くが、自分たちのことを決して簡単ではないビジネスで何とか成功しようと努力するちっぽけな個人として見ている。彼らそれぞれが、自分もまたアメリカの真の個人主義者なのだと自負していた。その思いを伝えるのが、ハリー・M・スティーヴンズの物語だったのである。

●ホットドッグはアメリカそのものである

個人主義はより一般的なテーマへとつながる。いわゆる「アメリカ例外主義」だ。19世紀後半から20世紀のアメリカ人は、メディアや学校教育を通して、ヨーロッパのような戦争や暴力を経験することなく物質的成功と最終的な幸福を実現しつつあるのは、世界のすべての国のなかでもアメリカだけだと教えられた。ここは他の大陸、とくにヨーロッパで抑圧された人たちが、自分の力で成功をつかめる土地だった。天然資源に恵まれ、「個人の主張と達成それ自体が価値あるものとして認められる」[16]場所だった。ジャイアンツのファンの多くとおそらくは選手たちも、同じように考えていただろう。彼ら自身も多くが貧しい移民の息子たちだった。

ホットドッグの物語はこのすべてを映し出している。かつてはドイツのソーセージの一種にすぎなかったものが完全にアメリカ的なものとして認識され、アメリカで「発明」され、アメリカ人にとって自己アイデンティティの象徴とされるものになった。ホットドッグに込められた特別な性質のすべて――野心的な人々のためのファストフード――は、自分たちは特別なのだと考えるアメリカ人の心をつかんだ。スティーヴンズのストーリーは、この「アメリカ例外主義」を表す寓話なのである。

この話にはもうひとつ関連したモチーフがある。宣伝と広告という、現代社会を解き明かすカギとなるものだ。

クエンティン・レイノルズの記事は、ポロ・グラウンズの常連客、スティーヴンズのビジネスを引き継いだ息子たち、そしてT・A・ドーガンにとって、背中を押してくれるちょっとした応援材料になった。スティーヴンズ自身も、謙遜とはほど遠い人物であることは明らかだった。彼のジョン・マッグローとの友情と、ニューヨーク・ジャイアンツへの愛着はたしかに本物だったが、それはすばらしい宣伝材料でもあった。彼のケータリング会社は1930年代までに多くのスポーツ施設を顧客に持ったため、その名前は競技場で売っている食べ物の代名詞にさえなった。

スポーツイベントでのケータリングビジネスは競争が激しい。参入する企業は、優位に立つためにはどんな手段でも使う。影響力がある企業や個人に取り入る機会をつねに探しているジャーナリストたちが、そうした話を熱心に報じるのも当然ではないだろうか。そのうえ、そこにはアメリカのサクセスストーリーのすべての要素が詰め込まれている。つまり、私たちが実話として信じていることの多くは、広告宣伝企業のライターたちの創造物なのである。現代の神話は、彼らが生み出したものなのだ。

◉万国博覧会

ホットドッグの起源については、ほかにふたつの物語がある。考え方としてはハリー・M・スティーヴンズの話と似ている。ただし、「ホットドッグ」という名前とは関係がない。一方の舞台はアメリカの歴史のなかでも有名な、ルイジアナ購入１００周年を記念した１９０４年のセントルイス万国博覧会だ。入場者数は２０００万人にのぼり、彼らは会場内の43のレストランや80の売店で食事をした。

伝えられるところによれば、あるソーセージ店が、湯気の上がる熱々のソーセージを手で食べるための白い手袋を客に貸し出した。しかし手袋を店に返す客は少なく、店主のアントン・フォイヒトヴァンガー（バイエルン出身）は、パン屋をしている義理の弟に、戻ってこない手袋の問題の解決策を相談したらしい。その解決策というのが、やわらかいロールパンにソーセージをはさみ、マスタードをたっぷり塗ることだった。こうして、ホットドッグとホットドッグ用のパンが誕生したという(17)。

これが実際に起こった出来事だったという証拠はない。ソーセージ・サンドイッチはそれより四半世紀以上前から存在していた。この話は、ハンバーガー、綿菓子、ドクターペッパー、アイスティー、ピーナッツバターなどと同じように、「セントルイス万博で誕生した食べ物」という伝説のひとつのようだ（ただし、レバノンからの移民が考案したアイスクリームのワッフルコーンだけは例外と思われる）。

移民と民族コミュニティが新たな食べ物を生み出すというのは本当だ。フォイヒトヴァンガーはバイエルン人で、ドイツ人が多く住む町に暮らしていたが、そこはドイツのさまざまな地域の出身者が集まり、それぞれ異なる方言を話し、異なる宗教を信じていた町でもあった。バイエルンは食べ物がおいしい土地として古くから知られ、近くのオーストリアと同様、有名なソーセージ（とビール）があった。ホットドッグと同義語のソーセージの一種には、ウィーンの町の名前がついた。それがヴィーナー（ウィンナー）で、食品会社が自社製品に高品質のイメージを与えたいと考え、この名前を使うようになったのがはじまりである（それが、優美な町ウィーンのイメージにふさわしい白い手袋を使った本当の理由である）。

のちにアメリカ全土でホットドッグのブランドを展開することになるオスカー・マイヤーも、もともとはアメリカに渡ってきたバイエルンのソーセージ製造業者のひとりだった。また、シカゴ最大のホットドッグ会社はヴィエナビーフという。どちらのソーセージも、19世紀後半にアメリカにやってきたものだ。アメリカ都市部でしばしば屋台の食べ物として製造・販売されるソーセージは、その頃はドイツの食べ物として認識されていた。ホットドッグはそもそも「エスニックフード」だったのである。

◉コニーアイランドのホットドッグ

もっと現実味があり、証拠資料も残っているホットドッグ誕生物語は、チャールズ・フェルトマンのものだ。やはりドイツからの移民で、1860年代にニューヨークのブルックリンにやってきた。定説によれば、彼はビーチリゾートのコニーアイランドにワゴンを持ち込み、パイを売りはじめた。その少し前に鉄道とトロリーでブルックリンやニューヨークと結ばれたコニーアイランドは、夏には都会の暑さを逃れようとやってくる避暑客でにぎわうようになったエリアだ。

人々が熱々のサンドイッチを求めていることに気づいたフェルトマンは、1867年（あるいは1874年）に、車輪修理工に頼んでバーナーを備えつけたワゴンをつくってもらったとされる。これで鍋で湯を沸かせるようになり、ソーセージをゆでて切れ目を入れたミルクパンにはさんで販売するようになった。これもまたホットドッグ神話のひとつで、こちらも名前ではなく商品としてのホットドッグの誕生物語だ。[18]

ニューヨークのブルックリンにあるコニーアイランドは、19世紀後半にアメリカでもっとも人気のあるビーチリゾートのひとつになった。この1904年の写真からもわかるように、ボードウォークには遊園地や食べ物の屋台があり、ホットドッグも売っていた。

実際には、チャールズ・フェルトマンはレストランの経営者であり、凝った装飾が目立つ「オーシャン・パヴィリオン」という彼の大きな店は、おそらく1871年にコニーアイランドのボードウォーク（板張りの遊歩道）に開店している。最近の調査によれば、もともとパン屋をしていたフェルトマンが、新たに開発されたコニーアイランドを視察したのち、パン屋を兼ねたレストランを開くことを決めたらしい。彼はホットドッグ・スタンドで商売などしていなかったし、1886年には、自分の店の近くにいくつも小さな食べ物のブースができるのを苦々しく思い、ほかの実業家たちと一緒に「ソーセージ屋を追い払え」と不満をもらしていたという。[19]

このフェルトマンについての伝説もやはり、安くて手に持って食べられる、人気の場所で大勢の客に提供される食べ物についてのものだ。そして、アメリカの多民族性と起業家精神を語るものでもある。

遅くとも1850年までにドイツからニューヨークにやってきて、1904年に死亡したイグナツ・フリッシュマンの経歴も、それをよく表している。ある調査によって、彼の死亡記事に、「コニーアイランドとバワリー（娯楽施設やタバコ屋、グリルで焼いたフランクフルトやゆでたコーンなどを売る店舗などが立ち並んだ通り）を有名にしたパン屋のパイオニア」と書いてあるのが見つかった。彼の小さなベーカリーは「フランクフルトを売る者たちが必要としていた細長いロールパンの製造からスタートした」。死亡記事はさらに、フランクフルトの屋台がコニーアイランドのあちこちの街角にあり、このあたりにきた人たちは必ず買って食べている、と続いていた。[20] この記事

コニーアイランドは娯楽——と軽食——で有名だったので、この日付のわからない漫画のように、ソーセージに犬の肉が使われているというジョークは、気味悪くはあったものの効果絶大だった。「レッドホット」と「フランクフルター」という言葉が、薬味のザウワークラウトと一緒に使われていることに注目してほしい。

が書かれた1904年になってもまだ、「ソーセージのフランクフルト」という言い方はしていても、「ホットドッグ」という言い方はしていない。そして、この商売についている者の多くはドイツ人（あるいは、後述するアシュケナージ系ユダヤ人）だった。

民族性《エスニシティ》と起業家精神——このふたつがホットドッグの歴史におけるキーワードとなる。

◉原材料への疑惑

ソーセージの誕生以来、消費者はその原材料に何が使われているかについて、つねに疑いを抱いてきた。スウィーニー・トッド［19世紀中頃のイギリスの怪奇小説に出てくる架空の連続殺人犯］のミートパイでさえ、かつてのソーセージ製造業者への疑いの念には太刀打ちできない。疑わしい材料リストのトップに長く君臨したのは犬の肉で、猫、ネズミ、人間の肉がそれに続いた。19世紀に中流階級の家庭で犬がペットとして愛好され、子供の代わりとみなされるようになるまでは、社会での犬の役割はもっと機能的なもので、害虫や害獣、ごみ、糞便を片づけてくれる存在だった。どの町でも野良犬の群れを見かけるのはめずらしくなかったので、その犬たちがソーセージ製造機のなかに消えたとしても、誰も気づかなかっただろう。

19世紀はじめから、アメリカのソーセージの衛生面に関する疑いが新聞紙面で取りざたされるようになり、死んだネズミ、豚、犬などが材料に使われているという記事が掲載された。野良犬が不潔な害獣とされたことはあっても、ペットの犬たちとなると話は違ってくる。

19世紀から20世紀のかなり遅くまで、「消えたペットの犬たち」という想像は辛辣なジョークや風刺漫画のネタになっていた。[21] 犬のソーセージのジョークは舞台や活字の世界にも広がり、たとえば1864年には作曲家のセプティマス・ウィナーが伝統的なドイツの民俗音楽の調べにのせた「Der Deitcher's Dog」という歌をつくっている。ほろ酔い加減でコミカルなドイツなまりの英語で歌われるこの曲は、現在は「ぼくの子犬はどこに行ったの？ Oh Where, Oh Where Has My Little Dogs Gone?」として知られている。[22]

どこ？　ぼくの子犬はどこ？
どこに行っちゃったの？

短い耳に、長いしっぽ
いったいどこにいるの？　ぼくの子犬
ソーセージはおいしい、ボローニャも大好き
だけど、ぼくの子犬はどこ？
彼らは犬でも馬でもソーセージをつくる
きっとぼくの子犬もそのなかだ

同じような曲はほかにもある。「ダッチ（Dutch）」（本来はオランダ人のことだが、「ペンシルヴェニア・ダッチ」のように、「アメリカにいるドイツ人」を意味する）の肉屋が犬たちをホットドッグ製造機に投げ入れるという歌詞の曲だ。(23) こうしたジョークが活字や歌になっているということは、当時の多くの、おそらくは大部分のアメリカ人が本当にそう疑っていたのだろう。

19世紀半ばからおそらく第2次世界大戦頃までのソーセージがらみのジョークの多くは、ドイツ人を揶揄《やゆ》したものだった。理由は単純で、ドイツからの移民がソーセージをもとにした食文化をアメリカにも持ち込み、「ソーセージといえば（キャベツを意味する「クラウト」とともに）ドイツ人」というイメージが定着していたからだ。先述したスティーヴンズのソーセージ神話などでもドイツの犬がソーセージと結びつけられていたが、そう考えると納得できる。「あのドイツソーセージをあるだけ全部買い占めるんだ。細長くてダックスフントみたいな、ドイツ人がフランクフルター

とか呼んでいるソーセージだ」

当時は、エスニックジョークと方言を使うコメディアンたちが活躍した時代だった。民族少数派と新しくやってきた移民グループはすべてそうしたジョークのネタになり、風刺漫画の題材には食べ物が欠かせなかった。顔を黒く塗った白人の芸人が、バンジョーを演奏しながらスイカとフライドチキンを食べる［黒人はスイカとフライドチキンが好きという人種差別的なステレオタイプ］のはお決まりの舞台芸だったし、風刺漫画では、アイルランド人はコンビーフ、キャベツ、ウイスキーのにおいを放ち、中国人はぺちゃくちゃ意味不明のおしゃべりをしながら八宝菜風の食べ物を頬張っているものだった。イタリア人はスパゲティを食べながら赤ワインをガブガブ飲むと決まっていたし、ユダヤ教徒はコシャーと呼ばれる規制の厳しい食習慣をあざ笑われた。

そしてドイツ人は、大量のビールを飲み、ソーセージを食べながら「おかしなことを話す」のがお決まりのイメージで、彼らを象徴する食べ物のなかに何が入っているかは「神のみぞ知る」だった。

◉「パンにはさんだソーセージ」

「ホットドッグ」という言葉がパンにはさんだソーセージの意味ではじめて使われたのは、1890年代半ばに発行された大学のユーモア雑誌のなかだった。辞書編集者のデイヴィッド・シュルマンは、おしゃれな人または優れた運動選手、あるいは目立ちたがり（いまもホットドッグの俗

「ソーセージのなかに犬」のジョークは、少なくとも19世紀からアメリカとヨーロッパでよく見かけるユーモアだった。これは1880年のもの。

語のひとつとして使われている）を意味するホットドッグと、ランチワゴンで売られるソーセージが結びついたのだと考えた[24]。

のちにバリー・ポピックが1895年発行のイェール大学の学内誌でそれを確認している。それによれば、「ケンネルクラブ」と呼ばれる新しいランチワゴンが（この名前は有名なイェールの服地店も使っている）、「ドッグワゴン」と呼ばれるようになり、さらに「ホットドッグ」という呼び名が生まれた。こんな歌詞もある。「犬はよく吠えてかみつくから走って逃げるべし。でもパンのなかに犬がいるときには、こちらからかみつくべし[25]」。こうしてついに、「ホットドッグ」が本当に誕生したのである。

こうした雑誌から、「ホットドッグ」の名前は急速に広まった。『カンザスシティ・スター』紙の1897年4月号への投書に対して、編集者はこう返答している。「『ホットドッグ』は切り込みを入れたパンにヴィーナーヴルストをはさんだもの。この言葉は大学町で現在人気のおどけた記事のなかで最初に使われた」。同じ新聞の1899年4月の記事では、いまや有名になったイェール大学の「ドッグワゴン」、正確には「ケンネルクラブ・ランチワゴン」についての『ニューヨーク・サン』紙の記事を引用している。「ワゴンそのものは豪華なペンキ塗り。地の色はイェールのブルー。その上に赤、緑、黄色の縞のパネルがあり、いろいろな種類の犬が描かれている。おもにハウンド犬とダックスフントだ。前部と後部にはステンドグラスの窓飾りがあり、犬の顔がモチーフとして使われている。イェールの学生たちはこれを『メモリアル・ウィンドウ（追悼の窓）』と呼んでいる[26]」

それから2〜3年のうちに、「ホットドッグ」の名前はほかの東部の大学へ、さらには大衆文化にも浸透した。その理由は単純で、おもしろおかしいジョークで社会ネタをユーモラスにとらえていたからだ。犬たちがソーセージ製造機で加工されているようすを描いた風刺漫画は1890年代までによく見かけるようになっていた。それからまもなく、そうしたむごたらしくも笑わせる漫画に加えて、パンにはさまれて食べられる犬たちや、まさに食べられようとしている犬たちが恐怖にかられたり、逆に食べ物になることをよろこんだりしているようすを描いたものも現れた。アメリカやカナダではいまでも、ホットドッグ屋台の看板や広告で犬たちが——おもにドイツ人が好むダックスフントが——食べられるところを描いた絵が使われている。

●大衆文化としてのホットドッグ

新しい「ホットドッグ」はほかの大衆文化の多くの要素にうまくなじみ、新たな流行語として全米に広まった。「レッドホット（ドッグ）」という語もすぐにそれに続き、「ホットドッグ」と同じ意味で使われるようになった。「ホット」という言葉は1890年代の流行語だったので、「ホットドッグ」というフレーズも、人を表すほか、ジョゼフ・ヘイデン作詞、セオドア・メッツ作曲の「今夜は下町で熱い時間を過ごすだろう There'll Be a Hot Time in the Old Town Tonight」のような曲に使われた。これは米西戦争（1898年）のテーマソングともいえるもので、それ以来、誰もが知る曲になった。少なくとも同じ時期に、このフレーズは「暑い夏の日」を意味するようにもなった。これは古代ローマで使われていた、おおいぬ座のシリウスにちなむ「dog days of summer」（真夏のいちばん暑い時期）というフレーズに由来する。

「ホット」はソフィ・タッカー（1884〜1966）など人気女性歌手の曲にも使われた。タッカーは「最後のレッドホット・ママ」と呼ばれた。情熱的でたくましい大人の女性を意味する隠語である。最初から、性的なほのめかしはホットドッグ文化の一部だった。1920年代に使われるようになった男性性器を意味する俗語「ウィーニー（weenie）」もそのひとつだろう。

「ホットドッグ」がらみのジョークは、全米の演芸場で舞台に立つドイツ語なまりのコメディアンたちの得意ネタになっていく。そして、移民とソーセージ製造業者両方の不安を消し去る役目も担った。「カール・プレッツェル」も1870年代と80年代に登場したそうしたコメディ・キャラクターのひとりだった。これは実際にはシカゴのジャーナリスト、チャールズ・H・ハリスが使っていた別名で、毎日の生活や町で起こっていることをひどいなまりでコミカルに語った(27)。

なまりを意識したこの種の語り手として次に挙げるべきは、有名なミスター・ドゥーリーである。彼は生みの親であるジャーナリストのフィンリー・ピーター・ダンに、ひどいアイルランドなまりで自分が目にしたことを報告する。19世紀後半にはドイツとアイルランドからの移民の数が非常に多かったので、ドイツ語とアイルランド語の方言をミックスさせた言葉がコメディで使われた（1890年の国勢調査では、アメリカの人口6200万人のうち、ドイツ生まれが278万

1907年のロサンゼルスの別の漫画。少女が東部の肉屋の主人に「私のプードルはどこ？」とたずねると、落胆させるような声で「ブッチ」が答える。「知るもんか。うちの店はけものをソーセージになんかしないからね」

４８９４人、アイルランド生まれが１８７万１５０９人で、それ以前にもそれ以降にも大勢がこのふたつの国からアメリカにやってきた。現在、おおざっぱにいってアメリカ人の６人にひとりがドイツ系といわれる）。新しい造語が人気になった背景には、こうした演芸場での早口の口上の存在がある。詩人のウォルト・ホイットマンによれば、これは都会のスラングであり、「どん底生活の平等さ」を意味した。(28)

この種の都会の流行語と音楽は、１８９０年代以降、舞台や新たに生まれた蓄音機、活字媒体やスポーツ、遊園地や定期市などの大衆文化の場を通して全米に広まった。たとえば、全米各地の新聞が地元以外の地域、とくにニューヨークのような都市部のニュースを記事にした。イェール大学の「ドッグワゴン」の話がカンザスシティの新聞に掲載されたのも、同紙がその何年か前に大学キャンパスで「ホットドッグ」という語が使われたことを報じたのも、そうした流れによるものだった。そして、通信社が情報の流れをさらに加速させた。

シンコペーション［強拍と弱拍のパターンを変えた独特のリズム］を用いた軽快な音楽やスラングが急速に受け入れられたのは、それらが普通の人々に「ぴったり来る」ものと思われたからだ。T・A・ドーガンの造語と思われる「23スキドゥー」という言葉は「skedaddle」に由来し、「scram」と同じように「急いで立ち去る」を意味したが、これは都会のストリート文化から直接生まれた言葉で、移動のための交通手段がどんどんスピードアップする時代を反映していた。

アメリカ人はスポーツに熱狂するようになり、そのスポーツもまた――ボクシングでも野球でも

ニューヨークの典型的なホットドッグ屋台。傘が目印になっている屋台が多い。

——よりスピーディーなものが好まれるようになった。野球は「迅速なプレーで大きな興奮を呼ぶ」スポーツと表現され、新しいアメリカのシンボルになった。ホットドッグとその名前はこうした環境から生まれた。ストリート発信のブラックユーモア——すばやく、ホットで、大衆向け——がホットドッグ誕生の背景だった。

見落としてはいけないのは、パンにはさんだソーセージが大人気となったのは、安くて（1個5セントというのが長いあいだ標準的な価格だった）、食べやすく、そしておいしかったからということだ。ハリー・M・スティーヴンズは間違いなくそう思っていたはずだ。露天商人の多くと同じように、彼は工場で生産するソーセージが完璧に大きさを調整できる食べ物だと気づいていたに違いない。製品の正確な大きさと重さを知り、それを最小限の時間で準備することで、製造業者も販売業者も1本につきどれだけの利益が上がるか、一定の時間にどれだけ売れるかを計算することができた。

ほかにもこのことに気づいた人々がいた。ホットドッグという名前が全米に一気に広まるのと同時に、それを販売するホットドッグ・スタンドもまたたく間に広まった。20世紀の最初の10年間に、ホットドッグとホットドッグ屋台は西海岸のサンフランシスコのベイエリアや南部にも現れはじめた。たとえば1913年のアトランタでは、ギリシア人が経営するホットドッグ屋台が大通りを埋めつくしていたという。路上のホットドッグ売りは、ニューヨーク（ここでは路上販売が公《おおやけ》に認められた）、シカゴ（通りから追い払われるか違法とされた）、デトロイト、シンシナティ、ニューオリンズなどの都市部でよく目にされるようになった。

これらは、ホットドッグ売り、大衆娯楽、新しいスラング、そしてアメリカのホットドッグとその名前を生み出した起業家たちのマーケティングの力が結びついて生まれた現象だった。

第2章◉ホットドッグのつくり方

◉肉を切る、ひく

ホットドッグは機械で大量生産できる。小規模の精肉店は手づくりソーセージを——通常は何らかの機械の助けも借りて——つくるが、世界中で何十億という単位で売られる製品は、機械によるほぼ自動化された工程で大量生産されている。

この工程については、全米ホットドッグ・ソーセージ評議会が丁寧にまとめている。トリミング肉——端肉《はにく》やすじ肉で、くず肉ではない——を各種スパイス、塩漬剤《えんせきざい》、氷とともに高速の肉ひき機《ミートチョッパー》に投入して混ぜ合わせる。すりつぶされた肉は乳化された生地（エマルジョンまたはバッター）になり、自動化された機械（スタッファー／リンカー）でケーシングに詰められ、一定の長さでねじりを入れて鎖状にされる。ケーシングには古くから使われてきた天然素材（腸）を使うこともあるが、たいていはセルロースが使われる。こうした人工のケーシングは最終的には取り除かれて皮なしソーセージになり、現在はこちらのほうが圧倒的に人気がある。ほとんどのソーセージは燻煙室で加熱される（スモークされる）[1]。

この一連の工程は一度に完成されたわけではなく、まさにそこにソーセージづくりの歴史がある。肉を切るのは昔も今も労力を要する作業である。私たちの祖先のホモ・エレクトゥスが、動物のもも肉を大きなアシュール石器［前期旧石器時代の最初期の石器］の手斧でたたき切るところを想像してみてほしい。これが肉を切る技術の基本であり、現在でもそれは変わらない。典型的なソーセージの場合、肉を細かくきざんで（これは「ひき肉」と呼ばれることもあるが、必ずしもこの語でイメージされる本当に細かいミンチ状というわけではない）、場合によってはほかの添加物を加える。

大量のソーセージを製造するには、肉は機械で切る必要がある。現代のホットドッグは、非常に細かくきざんだ肉を――業界では「エマルジョン」あるいは「バッター」（食欲をそそらない原材料を表現するにはこちらのほうが適しているだろう）、科学的用語では「粉砕肉」と呼ぶ――とろりと乳化した生地にする。この種の加工は機械の力に頼るしかなく、こうした装置はアメリカでは19世紀はじめから使われるようになった。１８２０年代のものとされる最初期の肉ひき機は刃を上下させるもので、その後、回転する刃に向かって肉を投入するスクリュータイプのものが１８４５年に開発された。これらは一般家庭で使われる卓上の肉ひき機やフードプロセッサーと同じように、手動の機械だったと思われる。

電動機械の導入によって、ソーセージ産業は本格的な発展をはじめる。アメリカでは１８６０年代にナイフタイプの電動肉ひき機が精肉工場で使われるようになった。この時代の精肉技術はドイツ人がずっと先導していたためドイツで設計された機械も多かったが、アメリカ製の機械もあった。１８５３年にはＳ・ミレットが最初のボウルカッターの特許を取得している。これは回転するボウルに刃を取りつけたもので、なかに入れた肉を切りきざんでいく。[2]

その後に生まれた肉ひき機も、多少の変更はあっても基本的にはミレットの設計を踏襲したものだ。蒸気を動力とする最初の肉ひき機は１８６８年にジョン・Ｅ・スミスが発明し、１００ポンド（約45キロ）のソーセージ肉を30分で加工することができた。[3] １８９０年代には電力と組み合わせてさらに改良した「サイレントカッター」と呼ばれる粉砕機兼ミキサーを、シンシナティ・ブッチャー・サプライ・カンパニーなどの企業が開発した。１９０５年には、ホバート・バッファロー社が有名な電動（ボウル）チョッパーを発表する。１９２０年代までには、肉ひき機は1時間に約１・２トンの肉を加工できるようになっていた。[4] 運転中の肉ひき機は熱を持つため、水と氷で冷やす必要があったが、これは加工業者にとっては最終的な製品の重量を増す効果もあった（ハムや家禽肉に水を注入するのと似ている）。

20世紀はじめまでには、大量の肉、端肉（基本的には脂肪部分）、くず肉を細かくきざめるようになり、あとはソーセージ製造機に投入するだけという状態にまで準備できるようになった。１９３５年には、ミルウォーキーのユージンガーズ社が、１分間１５００回転の6枚刃のサイレ

ほとんどのソーセージは客と親しく接する店舗でカウンター越しに売られていた。工場での製造工程とはかけ離れている。

ントカッターで100ポンドの肉をソーセージサイズにできることを誇らしげに宣伝している。

しかし、この段階ではまだすべてが完全に自動化されたわけではなく、安全性についてもまだ十分とはいえなかった。

かつての肉ひき機やミキサーにはふたがなかった。刃のすぐ近くまで肉を押しこめば、そのぶん肉は細かくきざまれ、シーズニング［調味料］もよく混ざり、風味がよくなる。指を1本失うのは優れたソーセージ職人の証だった。指2本ならきわめて優秀、3本失えば最優秀の職人といえる。かつては大勢のソーセージ職人が指を失っていた。(5)

◉肉を詰める

20世紀に入ってもなおしばらくのあいだ、ソーセージのケーシング詰めの工程は手作業で行なわれていた。製造会社にしてみれば、時間がかかり、コストもかかる作業だった。手で詰めるというのは文字どおり、細かくきざんだ肉を手でケーシングに流し込むことを意味する。シリンダーの一方の端にチューブが取りつけられていて、そこにケーシングをセットしておく。シリンダーのなかの肉をピストンを利用してちょうどいい長さになるまでケーシングのなかに押し込み、適当な長さのところでねじって鎖状にしていく。燻煙・加熱のあと、これらは鎖状のソーセージとして売られるか（初期の時代にはこれが一般的だった）、ばらばらの個別包装で売られた。

この種のソーセージは正確には同じサイズではなく、できるかぎり同一につくるには熟練した職人の目が必要だった。ホロウィッツが指摘しているように、ソーセージのリンキング（鎖状にする作業）は熟練作業であり、通常は信じられないほど器用な女性たちが雇われた。[6] しかし、作業の高速化のため――高品質化、にはならないかもしれないが――つねに新しい機械が考案される。

ソーセージ製造は、肉を詰める作業からケーシングと包装まで、技術改良が進むにつれて高速化していった。蒸気を動力にしたソーセージ詰め機が登場するのは1890年代で、まもなく電動の機械も考案された。とはいえしばらくは手作業でのリンキングが一般的だったが、1930年代になるとついに、ピッツバーグのFAMCO（アレン・ゲージ・アンド・ツール・カンパニー）

シカゴのアーマー社の工場で、手作業でケーシングに詰められるソーセージ。1890年代。

1905年のソーセージ製造ではある程度の機械化が進んでいた。スウィフト社では1秒間3メートルの速さでケーシングに肉を詰めた。

が新しい機械を発表し、第2次大戦後にすべての技術的課題が克服されると、本格的に導入されるようになった。スウィフト・アンド・カンパニーが1939年のニューヨーク万博で発表した自動ソーセージ製造機は、新しいリンキング技術とほかの工程をひとつのユニットに統合したものだった(7)。

●ケーシングの進化

これらの変化の背景のひとつに、ケーシングをつくる新しい方法が開発されたことがある。初期のホットドッグは天然ケーシングを使っていた。いまでもプレミアム・ソーセージにはこれらが使われている。天然ケーシングは動物（豚、ヒツジ、牛）の腸からつくられる。動物によって大きさが異なり、ヒツジのケーシングは豚のものより小さいので、これがおそらくヒツジのケーシングを使うウィンナーが一般に1ポンド当たり6～8本になった理由だろう。

ケーシングとして使う腸は屠畜作業で残ったものだ。南北戦争後の新たな中央統御の屠畜作業において、内臓の取り扱いは大きなビジネスだが汚れ仕事でもあった。内臓をきれいにすること——不用なものを完全に取り除いて洗浄する——は、強烈なにおいのなかで作業をすることを意味した。シカゴのアーマー社やスウィフト社のような大手加工会社はケーシングをシンシナティに送って加工してもらい、戻ってきたものをソーセージに使っていた。

腸のケーシングは繊細で、サイズでもコスト面でも厳密に均一化することはできない。そのため、これに代わるものへの需要が高まり、１９２０年代になってシカゴのアーウィン・Ｏ・フロイントが精製した綿のセルロースでできたケーシングを開発した。このフィルム状のケーシングに肉を詰め、加熱・燻煙したあとでケーシングを取り除くという仕組みだった。フロイントのヴィスキング・コーポレーション社（現在のヴィスケース社）は、この方法で皮なしホットドッグという新しい製品カテゴリーを生み出した――ホットドッグは天然ケーシングでなければ、と考える多くの純粋主義者にとっては苦々しいことに。

現在のホットドッグは圧倒的に皮なしが多いが、コラーゲンのケーシング（食べられない）を取り除かなければならない。これは小売業者にとっては不便であることから、ケーシングを取り除く作業は工場で行なわれる。第２次世界大戦以前はこの作業は手作業であり、これもまた、ソーセージを製造するうえでのネックとなっていたが、終戦後に高速の皮むき機が導入され、現在も一般的に使われている。店で売っているホットドッグをよく見ると、薄い線がある。これは、ホットドッグがベルトコンベアー上をすばやく移動していくあいだに、皮むき機の刃がケーシングに切れ目を入れた痕跡である。

作業スピードとケーシングに関する問題（たとえば、皮むき機の刃についたリステリア細菌がホットドッグを汚染する可能性がある）は、皮を使わない皮なしホットドッグをつくろうという数々の試みにつながった。１９６０年、スウィフト・アンド・カンパニーは、肉の生地を型に入れ、電

1927年までにはソーセージ工場の衛生環境も改善したが、製造スピードはまだ1秒間3メートルで、労働集約型の作業だった。

流を流して形成する機械を使った製品を開発した。これはかつての、ソーセージの両端に取りつけたワイヤーに電流を流してホットドッグを加熱するという古い技術――味を損なうという欠点があった――を応用したものだった。消費者がこの方法を嫌ったのは、彼らの愛するホットドッグからあの特徴的な丸い先端が消えてしまったからだ。(8) それ以来、皮なしホットドッグをつくるためのいくつもの技術が試された。

◉「ウィンナー・トンネル」

ソーセージ製造の最大の転換期は1950年代後半から60年代だ。この時期に、流れ作業による製造工程が確立された。1939年のスウィフト社のように、各製造会社はホットドッグをなめらかで迅速な流れ作業で一気に製造する方法を模索していた。オスカー・マイヤー社はその先駆者で、研究部署の責任者であるエドワード・C・スローン率いるチームが、新たな工場を建設することなく、ウィスコンシン州の既存の工場で大量のホットドッグを製造する方法を編み出した。1時間当たり少なくとも5000個のホットドッグをつくることを目標に、技術者たちが肉を切ることからミキシング、加熱、パッケージまで、既存の技術を一連の作業工程に統合したのである。

同社はこれを「ウィンナー・トンネル」あるいは「ホットドッグ・ハイウェイ」と名づけた。その大きな理由は、ソーセージが新しいアメリカの高速道路システムに似た10のレーンを流れていったからだ。一方の端で投入された肉は約1時間後にはホットドッグとなり、サランラップに密封されていつでも出荷できる状態で出てくる。実際の生産能力は1時間当たりおよそ1万個を実現した。

オスカー・マイヤーの革新的技術とほぼ同時期に生まれたのが、アイオワ州デモインにあるタウンゼント・エンジニアリングのレイ・タウンゼントが発明した「フランク・A・マティック」だ。ウィンナー・トンネルと同じように、フランク・A・マティックは一連の流れ作業で、最初は1時間当たり3万6000個、のちには5万6000個のホットドッグの製造を可能にした。現在、タウンゼント社は肉の生地を入れてゲルコーティングするシステムを使う機械を導入し、アメリカで売られる既成のホットドッグの約90パーセントを製造している。

◉ホットドッグには何が入っている?

フランクフルトとウィンナーは、伝統的には調理済みソーセージに分類されてきた加工肉製品だ。[9] これらを伝統的な方法でつくるには、加工前に肉を保存処理、つまり塩漬けにする必要がある。19世紀末までは、塩水に数週間漬けておいた肉をきざんでケーシングに詰め、燻煙し、つるし、加熱するという作業であり、すべての工程を合わせると30日かかることもあった。[10] これは大量消費市場向けの製品をつくるには望ましい方法ではない。そのため、シカゴのヘラー・アンド・カンパニーのような化学会社が新しい保存技術の開発に取り組み、20世紀に完成させた。最終的な「高速保存処理」方法は、塩漬剤、スパイス、その他の材料を加えながら肉を切り、その後すぐに燻煙と加熱を行なうというものだ。この方法ならばソーセージは数時間で完成する。

塩漬剤そのものは、通常は塩（最大4パーセント）と亜硝酸ナトリウムまたは亜硝酸カリウム、あるいは亜硝酸ナトリウムか亜硝酸カリウムを混ぜたものを使ってきた。これらが一酸化窒素を生じさせ、それが肉の色素であるミオグロビンと結びついてソーセージを発色させる。亜硝酸塩は肉製品をボツリヌス菌や酸敗臭から守るため、ソーセージの風味を損なわずにすむ。[11] 保存処理を速めるため、アスコルビン酸またはエリソルビン酸ナトリウムもしばしば加えられる。加工のスピードを速めること――それは加工業者に利益をもたらすことを意味する。

ホットドッグの風味は決して画一化されたものではなく、それぞれの製造会社が独自のスパイス調合を開発し、特許を取得している。また、その企業の民族的背景や市場の需要によっても風味は異なる。オスカー・マイヤーの製品は淡泊な味が特徴だが、それはこの会社の製品が大量生産され、子供にも好まれるものにしているからだ。[12] もっとスパイスをきかせたホットドッグをつくっている企業もあり、シカゴスタイルのように複雑な味わいを持たせたものや、ニューヨークやニューイングランド、デトロイトスタイルの、かなりニンニクの風味をきかせたものもある。

一般的には、よいフランクフルトには塩、ニンニク、タマネギ、コショウ、コリアンダー、ナツメグまたはメイス、おそらくはパプリカ、オールスパイス、マージョラムなどが加えられている。

1920年代のヘラー・アンド・カンパニーは、「ザンジバル・ブランド・フランクフルター・ソーセージ・シーズニング」を宣伝していた。このソーセージに含まれるアフリカ東海岸のザンジバル諸島産のクローヴにちなんだ名前だったことは間違いない。これがほかの製品よりスパイシーだったかどうかはわからないが、興味深い風味を持つソーセージという印象を与える名前だ。

●さまざまな肉と添加物

ホットドッグの材料は地域によって、また製造会社によって異なる。たとえばヨーロッパで売られるフランクフルトには豚肉100パーセントのものがあるが、ウィンナーは豚肉と牛肉、ときには子牛肉を混ぜてつくる[13]。アメリカのフランクフルトは通常は牛肉を使う。ウィンナーは豚肉で、ときには子牛肉を、最近では鶏肉を混ぜることもある。ほとんどの「大人向け」高級ホットドッグはすじ肉だけでつくられる。

シカゴのヴィエナビーフ社やニューヨークのサブレット、ボアーズヘッド、ヘブリュー・ナショナルなどがつくっているオールビーフの製品の場合には、伝統的に北部で育てられた雄牛の肉を使ってきた。涼しい気候と放牧、それに雄性《ゆうせい》ホルモンのおかげで、より繊維質の肉になり、ソーセージになっても歯ごたえのある食感になる（かつてのソーセージ会社は、南部産の牛肉は水っぽくて、去勢牛の肉は結合力がないと考えていた）[14]。「歯ごたえ」があって弾力のあるホットドッグをつくるために、ソーセージ会社はいまでも雄牛の肉を使っている。こうした食感は、天然ケーシングを使う大きな理由にもなる。天然ケーシングのほうが、パリッとはじけるのである。

食感と歯ごたえは、高品質のフランクフルトとウィンナーにすじ肉が使われる理由でもある。しかし、かつてはほかにも多くの材料——動物由来のものもそうでないものもソーセージに使われていた。ヘラー社のヴィエナやフランクフルトソーセージには、豚のトリミング肉、心臓、頬肉、牛の頬肉、そして、つなぎとして「ブル・ミート・ブランド小麦」が使われた。連邦政府の規制により、そうした部位を使うときには「副産物」または「各種肉類」と記したラベルを表示することが義務づけられている。「1種類以上の生のすじ肉と生肉の副産物が最低15パーセント、あるいは1種類以上の生のすじ肉と生肉の副産物および生または調理した家禽肉が最低15パーセント含まれている半固体のひき肉ソーセージ」というものだ[15]。

これらの製品に使うことができる原料とは、「トリッパ、タン、レバー、血または血漿、脳、肺、乳房（乳を出していないもの）、脾臓、スエット［牛やヒツジの腎臓と腰のまわりの固い脂肪組織］、睾丸、胸肉の脂肪分、豚の胃、ゼラチン質の皮、豚の背脂、大網脂肪、耳、鼻、雄牛のくちびるなどである[16]」。大部分のアメリカ人はホットドッグの材料に何が使われるかについては神経質だ。だからこれらの材料のラベルがついた製品はニッチ市場、つまり南部や南西部、その他の地域のアフリカ系アメリカ人を対象としたものである。動物の副産物は、これらの人々にとっては日常的な食べ物なのである。

ほとんどのアメリカ人が実際に食べているのは、機械的に分離した鶏肉、豚肉、水、コーンシロップ、食用加工デンプン、塩、調味料、乳酸カリウム、乳酸ナトリウム、リン酸ナトリウム、ブドウ糖、二酢酸ナトリウム、牛肉、加水分解された大豆タンパク、砂糖、亜硝酸ナトリウム、ソルビトール（甘味料）、パプリカエキスなどの材料を使った、商品化されたホットドッグである。機械的に分離した肉（ＭＳＭ）は、手作業で完全にトリミングできない骨を高圧力の機械で目の細かい網を通し、残っているすべてのタンパク質を引きはがして半液体状にする技術である。

家禽はあまり固まらない――加熱するとフランス料理のクネル［魚や肉をすりつぶし、卵、小麦粉、油脂などを加えて団子状にしたもの］状になる――ため、何かを加えなければならない。低タンパク質の他の肉も同様の性質を持つ。濃縮された大豆タンパクがつなぎとして加えられ、食用デンプンとコーンシロップは水分を吸収して食感をやわらかくする。他の材料は保存料や調味料として使われる。ホットドッグによっては、価格を安く抑えつつ食べやすい食感を保つために、粉ミルク、トウモロコシ粉またはジャガイモ粉、その他の炭水化物を増量のために使っているものもある。

しばしば着色料も使われる。パプリカで着色することもあるが、いまでも古い技術――赤い着色料――を使う場合がある。一部の赤色染料は大量に消費すると発がん性があることがわかり、連邦政府の規制で使用が禁止されたが、それ以前には「レッドホット」を赤くするためによく使われていた。

カール・ギルフェは、シカゴのメジャーリーグの野球場で１９３０年代にそうしたホットドッグを食べていたことを思い出し、こう述べている。「デヴィットベルク（シカゴのホットドッグブランドのひとつ）を食べるときにシャツについてしまった染みは、絶対に消えなかった。取り除くにははさみを使うしかなかった。大量の赤い着色料を使っていたんだ。当時は赤い着色料も受け入れられていた」[17]。アメリカ南部の州では赤色染料が長く使われ続け、いまでもまだ着色料を使っている。ただし、現在使われているのは健康に害のない安全なものである。

製造技術と材料が進化した理由は、アメリカの食品全体の進化と一致している。ヨーロッパの精肉職人が手づくりしていたソーセージは、機械がつくる大量製品に取って代わられた。そして、原材料費はますます安く抑えられている。しかし、たとえそうした大量生産の食品であっても、個性を発揮する余地がないわけではない。その例をこれから見ていくことにしよう。

第3章◉ホットドッグの売り方

ああ、オスカー・マイヤーのウィーナーになれたらいいのに
本当になりたくてしかたがない
だってオスカー・マイヤーのウィーナーなら
みんなに愛されるもの
——1963年のCMソング

◉路上の屋台

ホットドッグは基本的にはふたつの方法で販売される。外食店舗を通してと、加工食品を売る店舗を通してである。ホットドッグ初期の時代には、ソーセージは食品サービス業界では名無しの存在だった。つまり、ソーセージ会社の名前で売られることはなく、路上の屋台で売る商人たち自身が「ブランド」だった。19世紀の第4四半期までは、加工食品店で売るソーセージについても同

じことがいえた。ソーセージはパッケージ入りで売っているわけでもラベルがついていたわけでもなく、長い鎖状のまま、通常は精肉店のカウンターの上に積み上げられるか、陳列ケースの後ろや店先の天井からフックでつり下げられていた。ニューヨークのメイシーズなど大きな都市のデパートの食品売り場でさえ、20世紀の後半までこのような売り方をしていた。

一般の精肉店も同様で、アメリカの多くの町で個人経営の精肉店が手づくりのソーセージを売っていた時代には、彼らこそがブランドだった。現在の大手ホットドッグブランドの多くも、最初は精肉店としてスタートしている。オスカー・マイヤー、ハイグレード（ボールパーク・フランクス）、ブライアンなどがその代表だ。

路上の屋台やランチワゴンで食べ物を売っている人々は、古くからのホットドッグ売りの伝統の後継者だ。屋台は都市部に多く見られ、とくにドイツやその他ヨーロッパ出身の移民が住む町に多い。古くからあるアメリカの町はどこも似たようなストリートフードの文化を共有し、その目的も似通っていた。つまり、労働者に安く食べ物を提供するということである。

ストリートフードの歴史はそれぞれの町で独自の発展をするが、それは地域の条例がソーセージの売り方に大きな影響を与えたからだった。イタリア南部の出身者やユダヤ系人口が多いニューヨークでは（ユダヤ人は新たな移民の波として東ヨーロッパから流入した）、屋台で食べ物を売ることが認められていた。たとえば1904年には6700以上の屋台に許可証が発行されており、そのすべてではないものの、大部分が食べ物を扱う屋台に対して与えたものだった。[1] 当時の人が次の

現代的なレストランや衛生面を重視した食品販売がはじまる以前には、ソーセージは路上で売られるストリートフードだった。ウィーンのこの露天商はソーセージを温める容器とロールパンやプレッツェルの入ったかごを置いて通りで売っていた。1910 ～ 20年頃。

ように述べている。「熱々の湯気が上がっている食べ物が屋台で売られている。特別仕様の屋台は大きめのスーツケースほどの大きさで、事務机のように片側に引き出しがあり、鋼板《こうはん》を張って煙突を備えている。これらは『自動車屋台』というぴったりの名前で呼ばれている(2)」

これを書いた人は続けて、「新しい煙禁止条例」に違反したとして逮捕された者は誰もいなかったと記している。つまり、何度かの公式な調査を行なった結果、ニューヨーク市の保健当局は、煙突つきの屋台が市民の健康に与える危険は普通のレストランとまったく変わらないと結論づけたということである。煙突部分を取り除けば、こうしたニューヨークの初期の屋台は現在見かけるものとほとんど変わらない。

しかしシカゴやその他の町では状況は違った。これらの町では長いあいだ、地方条例で食べ物の屋台が厳しく禁じられていた。表向きの理由は「流水が確保できないので衛生管理に問題がある」というものだったが、実際には、「退廃的」なシカゴでは多くの荷馬車用の馬が落とす糞便が乾燥して舞い上がり、食べ物を汚染することが危惧されたからだった。加えて、シカゴでは不潔な下水を原因とする伝染病の蔓延が以前から不安視されていたという事情もあった。1920年代まで、下水がシカゴ川からシカゴの飲料用水の水源であるミシガン湖に流れ込んでいたことが原因だ(ようやく不安が解消されたのは、シカゴ川の流れを変えるという大工事が行なわれて以降のことだ)。さらに、シカゴの中心部「ループ」にある常設店舗——おもにレストラン——の経営者たちが、移動可能な屋台の禁止令を出すように市議会にはたらきかけたことも、屋台での商売を認めない要因になった。

◉ホットドッグ・スタンド

1920年代から30年代にかけて、多くの地方で屋台に変わって常設のフードスタンドが現れはじめた（ただし「スタンド」という言葉は一時的な構造物か、カウンターだけで客席のない店舗をイメージするので、この呼び方がふさわしいかどうかはやや疑問が残る）。シカゴにはこうしたスタンドが集中し（2500〜3000店舗）、常設の店舗ながら「ホットドッグ・スタンド」という呼び名が定着している。これらが最初は一時的なスタンド――もしかすると屋台だったことは、その伝統的な建築様式を見れば容易にわかる。サービス用の窓がついている箱、といったような店構えで、カウンターもたいてい狭い。

対照的にニューヨークでは、常設のホットドッグ・スタンドは非常に少ない。この町には圧倒的に屋台が多いからだろう（推定では約5000）。アメリカのほかの都市や町はといえば、どちらのタイプもあまり見かけない。たとえば、フィラデルフィアの町の中心部には、ホットドッグをおもに提供するレストランは、かつては1軒しかなかった（地元ではスタンドとは呼ばれていない）。その1軒が、1895年に創業したオリジナル・レヴィスだ（なお、現在ではホットドッグ屋台はフィラデルフィアの町のいたるところにある）。

典型的な初期のホットドッグ・スタンド、シカゴの「マティーズ」。サービス用の窓があるシンプルな箱型の店舗で、素人アートで飾り立てている。最近は高級化して、このタイプのスタンドは見かけなくなった。

ボリュームたっぷりの「マックスウェル・ストリート・ポリッシュ」のホットドッグ。まさしく詰め物の食べ物としてのホットドッグだ。

ピッツバーグでは、オリジナル・ホットドッグ（「O《オー》」）という有名な常設店舗が大学近くにある。カンザス州のウィチタのような小さな町にはそうしたレストランはない。ショッピングセンター内に最近になって何軒か店舗が入った程度だ。なかには「シカゴ」の愛称をつけたものもあるが、言うまでもなく本場シカゴのものとは似ても似つかない[3]。

かつてのホットドッグ・スタンドは商品を売るためのブランド名を必要としていなかった。しかし1930年代以降、顧客にとってブランド名が――ふたつの面で――意味を持つようになる。まず、売っているホットドッグのブランド化だ。1930年代に新たに参入したサブレット社は、屋台に同社のロゴが入った傘を配った。いまでもニューヨークのホットドッグ屋台には、傘がつきも

アメリカでもっとも有名なホットドッグ・スタンドといえば、コニーアイランドのネイサンズ。1916年の創業で、屋台からここまで大きくなった。

のだ。第2のタイプのブランディングは、スタンドそのもののブランド化だ。こちらも効果を発揮した。

　ブランド化されたスタンドとしてもっとも有名なのは、コニーアイランドのネイサンズだろう。現在のネイサンズはファストフード店のチェーンとなり、アメリカ中のスーパーマーケットに商品を置く全国ブランドでもある。その全国展開のはじまりは、１９９５年、ニューヨークからフロリダ州の東海岸に移り住んだ人たちのためにホットドッグを売りはじめたことだった。コニーアイランドを連想させるネイサンズの名前は、なつかしのビーチリゾートでホットドッグを食べていた年配の元ニューヨーカーたちをよろこばせた。

　１９３０年代後半から50年代まで、コニーアイランドでは毎日50万もの人がボードウォークを散歩していたという。ネイサンズが1日に売るホットドッグは5万個ほどにもなっていたかもしれない。

ネイサンズは2005年に全国市場への進出を果たした。これが実現できたのは、ひとつには名前がよく知られていたからであり、また企業との提携が成功したからであり、さらには、ネイサンズの商品が牛肉100パーセントで、スーパーマーケットで売っている普通のホットドッグより高品質とみなされていたからでもある。(4)

◉ブランド化

21世紀にはすべてのもの、すべての人がブランド化を求められる。製品も、それを売る企業も、教育機関も政治団体も、そして個人でさえ(芸能人や政治家など)、誰もが独自のアイデンティティを必要とし、あるいはライバルとの差別化を図らなければならない。食べ物の場合は、健康によい商品であることを強調したり、類似商品より味がよいことを単純に売りにしたり、あるいは、目には見えない特別なアピール要素を持たせることも考えられる。しかし世の常として、完全に新しい製品などというものはおいそれとは見つからない。新しく見えるとしても、それはおそらく再発見されたものだ。だからマーケティングを生業とする者たちは、19世紀後半からこのふたつのテーマにずっと取り組んできた。

ホットドッグに関しては、手本となるのはオスカー・マイヤーだろう。バイエルン出身のオスカー・

現代的なスタンドでのホットドッグ販売。イリノイ州フォレストパークのバイロンズ。

F・マイヤーは1873年、14歳のときにアメリカに移住し、デトロイトの食肉市場で使い走りの仕事についた。数年後にシカゴに移り、やはり精肉業界で職を得る。アーマー社の家畜飼育場でバイヤーとして6年間働いたこともある。1883年には、ニュルンベルクでヴルストマイスターになっていた弟のゴットフリートを呼び寄せ、シカゴで一緒に肉屋を開いた。オスカー・マイヤー社はその最初の精肉店の開店をもって同社の創業としている。マイヤー兄弟の店があったのはノースサイド近くのドイツ人移民が集まっている地域で、いくつかの肉製品ライン、とくにベーコン、ウィンナー、チューリンガーで成功した。

　いまや真のアメリカの起業家となったオスカー・Fは、マーケティングの機会に目を光らせていた。1893年のシカゴ万国博覧会では、ミッドウェイ区域の会場に建設された販売ブースのスポンサーとなり、自社製品も売った。こうして、自分たちの会社の名前が万博会場で食事をとる大勢の人たちの目に留まるようにしたのだ。20世紀に入ると、シカゴ中に何台ものワゴンを走らせ、新しいブランド「エーデルワイス」を売りまわった。アルプス地方の花からとったこの名前には純粋さのイメージがあり、とくにドイツ人の郷愁を誘う。マイヤーが販売ツールとして正しいシンボルを選んだこと、新しいテクノロジーを好んだことがわかる。

1904年当時には肉のブランド化は革新的なアイデアであり、オスカー・マイヤーの名前は高品質の製品を意味するようになった。1906年には、連邦政府が立ち上げた食肉検査プログラムに参加することに合意している（このプログラムは、アプトン・シンクレアがシカゴの家畜飼育所と食肉工場の劣悪な環境を小説『ジャングル』で暴いたことがきっかけのひとつとなって計画された）。

その最初の精肉店としてのはじまりから、オスカー兄弟の会社は大きく発展した。創業者の息子オスカー・G・マイヤーはハーバード大学に入学すると最優秀成績者に与えられるファイ・ベータ・カッパを獲得し、シカゴに戻れば傑出した実業家になっただけでなく、教育への支援も長く続けた。1911年、オスカー・マイヤー社は正式に法人となると、まもなく配達に自動車を利用するようになり、また他の企業に先駆けてパッケージに紙箱を使いはじめた。第1次大戦のあいだの軍への供給で潤沢な資金を手にすると、1918年には製品に新しい名前を使うようになった――「オスカー・マイヤー認定の肉製品」である。ドイツをイメージさせる古いシンボルではもう不十分で、個性的な人物を強調するほうがマーケティングに効果的だろうと考えたのだ。

ビジネスは順調で、さらなる拡大と原材料の管理が必要になった。1919年春、オスカー・Gは北のウィスコンシン州マディソンへ行き、ウィスコンシン大学に進学してそこで結婚していた妹のひとりを訪ねた。そこでたまたま、3年前に協同組合の建物として建設され、その後の倒産によって使われなくなっていた大きな食品加工工場がオークションにかけられることを知った。オスカーは工場に興味は持ったものの、オークション当日は近くのマウント・ホーワーブに住む義理の弟を訪ねる予定だった。しかし、彼のスポーツカー、スタッツ・ベアキャットでは田舎のぬかるみ道をうまく走れず、結局弟のところに行く代わりにオークションに参加した。工場の価格は手頃だったが、これほどの大きな投資をするにはシカゴに戻って父と銀行に相談しなければならず、彼はオークションの競売人に売るのを待ってほしいと頼みこんだ。結局、その工場はオスカー・マイヤー社の主要食肉処理場となり、のちには加工工場とし、2000〜3000人の労働者を雇った。1950年代には事業運営の拠点をシカゴから完全にマディソンに移し、現在もオスカー・マイヤーの本社はここにある。(5)

◉パッケージとマーケティング

パッケージとマーケティングでの革新がこの会社の発展につながった。スライスしたベーコンを袋詰めする機械の最初の特許を取得したのが1924年のことである。それ以前から、新しくできたセルフサービスの市場（1916年開設）では、チーズなどの製品があらかじめ包装された形で売られていたが、ベーコンが同じような形で売られるようになったのは、オスカー・マイヤーがこの機械を開発してからだった。

また、パッケージのデザインを変えないという方針も、この会社を有名ブランドに押しあげる要因となった。1929年、オスカー・マイヤー社は、黄色い紙の帯に赤い文字の社名が入ったパッケージでブランド化するアイデアを思いついた。最初は手作業が追いつかなかったため、そうした形でブランディングできるのは製品全体の4分の1にすぎなかったが、1944年にはこの工程を機械で自動化するパッケージ技術の特許も認められた。こうして実現された「イエローバンド」ラベルは、オスカー・マイヤーのウィンナーを高品質の製品として目出たせるすばらしい方法だった。あたかも丁寧に手づくりされた製品のように見えたからである。完全自動化が実現する以前の時代には、実際にある程度までは手づくりされていたが、すべてが手作業だった1883年の創業当時とはずいぶん変わっていた。他の企業やホットドッグ販売業社もオスカー・マイヤー社にならったため、赤と黄色はホットドッグのイメージカラーとして定着した。

その後の30年間をかけて、「イエローバンドのブランドを探せ!」のキャッチフレーズは、誰もが知る宣伝文句に成長した。1950年代になると、オスカー・マイヤーは「ウィンナー・トンネル」を導入し、それとともにダウ・ケミカル社のサランラップを素材に使用した新しいパッケージに切り替えた。オスカー社のある社員は、「われわれはサランラップを、とうのダウ・ケミカル社でさえ想像できなかった方法で使っている」と語った。現在の、ブランド化され、100万個単位で販売されている同社のホットドッグのパッケージは、マイヤーズが雇い育てた優れた技術者たちの仕事の成果といえる(6)。

対面販売ではないスーパーマーケットの時代では、パッケージングは商品を売るための重要な要素である。大きな文字がおどるパッケージのデザインを見れば、それはわかってもらえるはずだ。そして、広告はもうひとつの重要なマーケティング手法である。オスカー・マイヤー社は1915年以来、新聞広告が活用していた。強調したのは製品の質の高さと健康的な食品であることだ。コレステロールや脂肪と健康の関係についてはまだ多くの人が意識していなかった時代である。マイヤーの経営陣は、個性を前面に押し出したブランディングは販売ツールとして効果的だとわかっていた。

アメリカではもっともよく知られたホットドッグ広告のシンボル、オスカー・マイヤー社のウィンナーモービル。

◉イメージ作戦

１９３６年、カール・マイヤーは食品マーケティングのもうひとつのアイコンとなる「ウィンナーモービル」の着想を得た。このアイデアは、シカゴの町を移動してまわっていた同社のウィンナー・ワゴン――ドイツ人のバンドが一緒に乗って、ソーセージ好きの客たちにセレナーデを歌った――からきたものだ。[7] おりしも特定のコンセプトを売りにするテーマレストランが次々と開店していた時期のことで、ウィンナーモービルは究極の移動式食堂になるかもしれなかった。オスカー・マイヤーのイエローバンドを巻いたソーセージ型の木枠の乗り物が、個性を前面に出した新しい会社のシンボルを町中に伝えてまわった。

その頃、パンケーキブランドのイメージキャラクターである「ジェミマおばさん」の顔がシカゴ万博で描かれたり、想像上の女性であるベティ・クロッカー［製粉会社のゼネラル・ミルズが主婦の相談役をイメージしてつくり上げた架空の女性」をラジオで実在の人たちが演じたりしていたのだが、「本物」のオスカー・マイヤーは「リトル・オスカー」という小さなシェフによって体現された。

「リトル・オスカー」は陽気な人物だ。白衣を着た「リトル・オスカー」はウィンナーモービルからひょっこり顔を出し、この乗り物をそのまま小型にしたおもちゃの笛「ウィンナーホイッスル」を客に配ったりもした。客がホイッスルの礼を言うと、このシェフは（サンキューの代わりに）「フランク・ユー・ベリーマッチ」と答えたりもした。

リトル・オスカーを演じたのは何人かの小人症《こびとしょう》の人たちで、初代メンバーのマインハルト・ラーベはのちに『オズの魔法使い』で小人の検視官を演じている。ラーベは1933年のシカゴ万国博覧会でミジェット・ヴィレッジ（小人の村）を訪ねたあと、国中の見本市をまわって仕事をした（リトル・オスカー役はその後、ジョージ・モルチャンが引き継いで36年間演じた）。

こうしたキャラクターを生み出した理由は、大衆文化とマーケティングに関係している。ドイツには小人をテーマにした民話がいくつもあり、彼らは熟練工として描かれ、魔法の指輪や、おそらくはソーセージもつくる。これは、ミルウォーキーの有名なソーセージ会社ユージンガーズの本社の壁を飾るパノラマのテーマでもある。小人症の人たちは大衆向けのエンターテインメントに頻繁に登場し、リトル・オスカーは人々に受け入れられる人気者になった。

おそらく何より重要なのは、パッケージ全体が子供向けに考案されたということだ。おかしな形の乗り物もそうだし、小さなシェフが小さなサンプルを配ったのも、小さなおもちゃは子供や親をよろこばせるからだった。抜け目ないマイヤー家の人たちは、子供の心をつかむことができれば、その親たちに商品を買ってもらえるだけでなく、生涯の顧客を獲得することにもなると、早くも1930年代に理解していたと思われる。ジョークから生まれ、大衆娯楽と結びつけられてきたホットドッグは、こうした優秀なマーケターによってさらに幼児化していった。

第2次世界大戦後までは基本的には地方企業にすぎなかったオスカー・マイヤーは、その後、全米市場への進出をはじめる。フィラデルフィアとロサンゼルスで新たに加工工場を取得し、1960年代には全米にとどまらず世界的な企業になっていた。広告も大々的になり、活字メディアだけでなく地元や全国のテレビも活用した。作曲家のリチャード・トレントラージが書いた1936年のコマーシャルソング（77ページ参照）により、オスカー・マイヤーの製品はアメリカの民話にも登場するようになった。[8] 子供の声で歌われる「共食いの歌」とでも言えるこのコマーシャルソングはすぐさま成功を収めた。こんなふうにホットドッグを売り出した例はかつてなかった。

実際には、この会社の売り上げはおもにボローニャソーセージによるものだったので（原材料と食感はホットドッグのものとそれほど変わらない）、1976年には別の曲をつくることになった。「ぼくのボローニャのファーストネーム、それはオスカー。ぼくのボローニャのセカンドネーム、それはマイヤー……」。最初のウィンナーの曲ほどではないが、こちらの曲も広く知れ渡った。オスカー・マイヤー社の経営は1981年にオスカー家の手を離れたが（現在は巨大多国籍企業クラフト・

もしホットドッグだけで足りなければ、この「ドッグハウス」のように多くのスタンドがほかの食べ物も売っている。

ゼネラル・フーズの一部になっている)、いまでも20世紀はじめのマーケケティングの方法が使われ続けている。

第2次世界大戦後のアメリカは、ベビーブームと郊外の町の発達によって、それまで以上に子供中心の社会になった。マーケティングを子供向けにしたのはオスカー・マイヤー社だけではなく、他のライバル企業も同様であり、子供向けショーへの食べ物のマーケティング費用には推定80億ドルが使われているという調査もある。[9] こうして、子供たちを楽しませることは現在まで続くテーマとなった。

ウォルト・ディズニーが最初のディズニーランドを開園したのが1955年。人気テレビ番組『ミッキーマウス・クラブ』がはじまった頃のことだ。ホットドッグの広告はこの流行に飛びついた。オスカー・マイヤーのコマーシャルソングに対抗して、ライバルのアーマー社もテレビでアニメと一緒に流す覚えやすい曲を発表した。

ホットドッグ、アーマー・ホットドッグ
どんな子がアーマー・ホットドッグを食べるの?
大きな子、小さな子、石の上にのぼる子、
太った子、やせた子、水疱瘡の子だって
みんなホットドッグが、アーマー・ホットドッグが大好き。

子供たちがよろこんでかみつく犬はホットドッグ！

ボールパーク・ブランドはちょっぴり気取った「女の子のホットドッグと男の子のホットドッグ、違いがわかる？」のコマーシャルをつくった。同シリーズの印刷広告は、屋外で子供たちが風船とホットドッグを持っているというものだ。ミシシッピ州ウェストポイントに本社がある地方大手企業のブライアン・ブラザーズは、１９５０年代に「プレーリー・ベルト・ブランド」の缶入りソーセージのパッケージにそばかすのある少年の絵を使い、コマーシャルソング「It's a P.B. for me（ぼくにはＰ・Ｂ）」のための公開オーディションを開催した（参加者は「レコードか録音テープ」を送るように指示された）(10)。

ウィルソン社のホットドッグの広告はマペット［なかに手や指を入れて動かす人形］を使い、そのうちひとつがホットドッグに変わる（そして、おそらくはオスカー・マイヤーのウィンナーのように食べられる）という内容だ。１９７４年のエクリッチ社のコマーシャルでは、子供たちがホットドッグを食べさせてくれる母親への愛情を表現する。こうした広告はほかにもたくさんある。子供たちと犬の姿――「犬」にはホットドッグも含まれる――は大衆文化にはつねに欠かせない要素だった。

◉ダイエット時代

20世紀後半になって、消費者は栄養学の専門家から、ほとんどの食物脂肪は健康に害があると告げられた。脂肪分を採りすぎることへの不安がアメリカでのホットドッグの売り上げ低下をまねいたとされ、この時期には売り上げが「横ばい」状態にとどまった。この傾向は「大人向け」のプレミアムなホットドッグというかつてのニッチ市場にも影響を与えた。シカゴの独立企業ヴィエナビーフ、ベストコシャー、ネイサンズ、ヘブリュー・ナショナルなど、オールビーフの製品を売るブランドがアメリカ全土に進出した。たとえば、ヴィエナビーフは国内大手小売店チェーンのターゲットで売られ、ベストコシャーとシナイ48は、倉庫型小売店のコストコから、商品として販売するだけでなく店内飲食スペースでのメニューにもしたいと声をかけられた。

マーケティング担当者は早くから、健康をアピールする商品を売れば失敗するはずがないとわかっていた。ケロッグやポストなどの企業が開発した「ヘルシー」な朝食用シリアルから低脂肪のホットドッグまで、宣伝文句はほとんど変わらない。健康的な食べ物で病気を防ごう、というものだ。ソーセージ業界では、それは家禽肉を使うことを意味した。

ベジタリアン用のフランクフルトにはさまざまな種類があるが、アメリカ人の大部分は鶏肉や七面鳥肉を低脂肪で健康に良い肉とみなす。ある業者が家禽の肉を加えることで製品に含まれる脂肪分を減らすと、ほかの企業も後に続いた。現在、スーパーマーケットで売っているホットドッグの

シカゴのヴィエナビーフ社のシカゴスタイルのホットドッグの宣伝ポスター。ホットドッグ広告としては、これに勝るものは当分現れないだろう。

ヴィエナビーフ社はマックスウェル・ストリート・マーケット地区に1893年に開業し、現在も看板商品のマックスウェル・ストリート・ポリッシュのソーセージをつくっている。

多くは、豚肉とともに安い鶏肉も使っている。マイルドな風味とやわらかい食感は、豚肉だけを使った製品とそれほど大きな違いはない。

アメリカでは、価格がすべてを支配する。スーパーマーケットの精肉コーナーの冷蔵ケースには、価格だけにもとづいたホットドッグの階級がある。高級製品はしばしばフランクフルター（フランクフルト）と呼ばれ、３４０グラム入りの袋が３ドル50セントから４ドルくらいするものもある。しかし、鶏肉と豚肉を（ときにはそれ以外の肉も）ミックスしたいちばん安いホットドッグは、セールのときには１ドル程度で買える。もはや職人の手づくりではないホットドッグは日常食であり、よく売れるのは中間から下の価格帯、最大の消費者層は収入面で最下層に属する人々だ。ホットドッグは学校給食のメニューにも登場するが、学校の財政が苦しいときにはとくに多くなる。つまり、

低価格でたっぷりの量は、つねにホットドッグのセールスポイントだった。イリノイ州シカゴの「アルズ・ファン・イン・ザ・バン」もそうしたブランドのひとつ。

都会のストリートフードとして貧しい人々を客にしていたホットドッグ屋台の伝統は、現代の安いホットドッグにも受け継がれているということだ。

第4章◉ホットドッグ文化

第30代アメリカ大統領カルヴィン・クーリッジはかつて、「アメリカの本分はビジネスである」と言った。ホットドッグも、大きな食肉会社から簡素な屋台の店主まで、間違いなくビジネスの対象としてとらえられた。しかし、ホットドッグは庶民に売るソーセージだというだけではない。アメリカ人が大切にする価値観を反映し、アメリカの社会と文化についておおいに語るものでもある。これはホットドッグ特有の性質からくるものだ。もしかしたら、ホットドッグはアメリカでもっとも柔軟性のある食べ物かもしれない。この国の多民族のルーツに由来するため風味や食感にバラエティがあるというだけでなく、上に何をのせるかについても地域によって大きな違いがある。つまり、パンにはさんだソーセージの上に文化が形づくられていくのである。

アメリカにやってきた移民たちが発明したホットドッグは、民族グループごとに新たな特徴とスタイルを発達させた。ポーランド系移民のコミュニティで生まれたハスト・E・ドッグがその例だ。

◉民族的背景

アメリカは移民の国だ。もちろんネイティブ・アメリカンも含まれるが、彼らがやってきたのはホットドッグの考案者たちよりも数千年早い。すでに見たように、19世紀に大挙してアメリカにやってきたドイツ人が、本物のソーセージの食文化をこの新しい国に持ち込んだ。彼らは催しが開かれる場所にワゴンや屋台を出してはフランクフルトやウィンナーなどのソーセージを売った。セントルイス万国博覧会に出店したアントン・フォイヒトヴァンガーもそのひとりだ。そして、オスカー・マイヤーと同じように、一流のソーセージ職人のほとんどはドイツで仕事を覚えた人たちだった。20世紀を迎える頃には、民族的背景という要素がホットドッグの世界を変革していた。

　歴史家のダナ・ガバッチャは、民族グループが持ち込んだ食べ物がコミュニティの境界線を越え、アメリカ文化の主流に取り込まれていったと述べている。[1] これは「チャプスイ効果」とでも呼べるかもしれない。チャプスイは中国南部の台山《だいさん》の名物料理だったものが完全にアメリカ版として定着したものだ。一方ドイツのソーセージは、スパゲティやミートボール、焼きそばやチャプスイが人気のアメリカンフードになるよりも早くアメリカ化を果たした、最初の食べ物だったと思われる。「アメリカ化」の過程は多くの場合、移民が持ち込んだ料理が都市部のレストランや屋台で出されたり、小売店で販売されることからはじまる。地域によって多少は異なるが、これらの食べ物が「アメリカ料理」になった要因としてふたつのことがあげられる。ひとつは、ほかの民族グループがその食べ物を受け入れ、自分たちの味覚に合うように応用したこと。もうひとつは、産業化と商業化という現代まで継続する食品業界の流れである。

　たとえば初期の大衆向け「中国」食品会社チャンキンは、ミネソタ州ダルース生まれのジェノ・パウルッチが１９４７年に設立した、貧しいイタリア移民向けの食品会社だった（ただし、ホットドッグのほうがチャンキンより早くアメリカ化を果たしている）。

　ユダヤ人はアメリカ文化に多大な貢献をして、オールビーフのホットドッグを世に広める大きな力になった。１８８０年から１９２４年までに２５０万人のユダヤ人が東ヨーロッパからアメリカに渡り、先に来ていた30万のユダヤ人（おもにドイツ人）の列に加わった。彼らの圧倒的多数はアメリカの都市部に定住することになる。ニューヨークに150万人、シカゴには27万人。ヨーロッパから来たとはいえほとんどは地方の小都市《シュテットル》出身の貧しい人々であり、アメリカ経済の最下層――行商人、縫製工場の労働者、小さな店の経営者などとして働いた。

当然のことながら食品ビジネスに携わる者もいて、同胞たちのために食べ物をつくったり売ったりした。厳密にユダヤ教の戒律を守る人は少なかったが、大部分の住民は昔からの食べ物の禁制を尊重し、豚肉や乳製品の混じった肉は食べなかった。彼らの需要に応えた例となるのが、当時(1890年代)はユダヤ人地区だったシカゴのマックスウェル・マーケットで開業した「ヴィエナビーフ」である。

創業者は1893年のシカゴ万博でソーセージを売ったという男たちで、その後、この会社はユダヤ人のラダニとライシェル家の手に渡った(リー・ラダニがカードゲームで勝って手に入れたのだともいわれる。ラダニは興行主で、おそらく有名なベリーダンサーのリトル・エジプトを万博に連れてきた人物だ)[2]。彼らの会社はこの町に数多くあるユダヤ人経営のホットドッグ製造業者のひとつで(すべてがコシャー専門というわけではなかった)、露天商人や、のちにはホットドッグ・スタンドにも同じように製品を卸していた。

ホットドッグの原材料はさまざまだが、ユダヤ人のつくるものは評判がよかった。その大きな理由は、コシャーの規制にしたがったものはほかの食べ物より「不純物が入っていない」と考えられていたからだ。そのため、1950年代のシカゴではオールビーフのホットドッグが「標準」となる（もっとも、オールビーフのホットドッグのほとんどは実際にはコシャーではなかったのだが）。ユダヤ人が多いニューヨークも同じだった。

◉トッピングの誕生

ユダヤ人がホットドッグをつくったとすれば、それにトッピングを加えたのはギリシア人、マケドニア人、ブルガリア人、イタリア人、メキシコ人たちだ。１９００年頃から１９２０年代のシカゴではギリシア人とイタリア人が青果市場で競い合っており、その多くは露天商人だった。当時（１９２０年代後半）、この町には約３万人のギリシア人が住み、１万軒以上の店や会社を所有していた。[3] どちらの移民グループも、伝統的なシカゴスタイルのホットドッグ――「パンの上の庭」――にのせる多くのトッピングを開発した。緑のレリッシュ（ピカリリー）［野菜の甘酢漬け］、スポートペッパー（青トウガラシのピリ辛のピクルス）、トマトは――ジャルディニエーラ［野菜の酢漬け。イタリア版ピクルス］と同じように――地中海地方生まれのトッピングだ。

マスタードはドイツ系ユダヤ人が持ち込んだものだ。キュウリのピクルスや、好みでセロリソルト（これがかつてはアメリカの食卓に欠かせなかった野菜に取って代わっている）を加えるのもドイツ人の考案だ。これらを組み合わせた甘酸っぱくスパイシーな風味は、東ヨーロッパや地中海地方出身の人たちの味覚にはなつかしく感じられたに違いない。シカゴのホットドッグには、20世紀

ギリシア移民はアメリカの食べ物に大きな影響を与えた。このラスベガスのスタンドもそのひとつ。

初期の移民の歴史が秘められているのである。

ほかの都市にも同様の話がある。「コニーアイランド」または「コニー」は、パンにソーセージをはさみ、ミートソースをかけたホットドッグで、このミートソースを南西部の人はチリと呼ぶので「チリドッグ」とも呼ばれる、いまではアメリカ中で食べられているこのホットドッグは、メキシコ国境に近い地域で生まれたものではなく（もっとも、この地域では特別な名前をつけられることなく食べられていたのかもしれない）、ギリシアとバルカン半島出身の移民たちの尽力で、ミシガン州のデトロイトで誕生した。

誰がこの種のホットドッグソースを発明したのかについては議論が続いているが、

1914年頃にデトロイト、ジャクソン、あるいはフリントにやってきた移民たちとする説が有力だ。たとえば、ジャクソンのジョージ・トドロフや、1910年にやってきて1929年に「アメリカン・コニーアイランド」を開業したコンスタンティン・〝グスト〟・ケロス、その数年後に有名な「ラファイエット・コニーアイランド」を隣に開いた彼の弟のウィリアムなどの名前が、チリソースの発明者としてよく挙げられる。ソースの味はそれぞれ異なるものの、ほとんどはトマトベースであり、バルカン地方を思わせる風味のスパイスが加えられている。

クリスト・エコノムも、1919年にペンシルヴェニア州マッキースポートで「ギリシア」風のソースを使ったホットドッグ・スタンドをはじめている。その後全米にいくつか店舗を開き、1926年にはオクラホマ州のタルサにまで進出した。タルサではいまも彼のチェーン店「コニーアイランダー」が人気を保っている。

シンシナティのチリは、1922年にマケドニア人のトーマス・キラディィエフがはじめたもので、この町の住人に大人気のようだ。彼の「エンプレス」という大型店舗では、シナモンの風味が加えられたゆるめのチリソースを、スパゲティなどさまざまな材料を使った「5つのスタイル」で提供した。なお、ライバル店の「スカイライン・チリ」は1949年にエンプレスの元従業員ニコラス・ランブリニデスと彼の息子たちが開いた店で、おそらくシンシナティ以外の町でのほうがよく知られている。(4)

シンシナティのチリは「コニーアイランド」とは呼ばれていない。ホットドッグだけに使われるわけではないからだ。新たにアメリカ中西部にやってきて軽食レストランを開いた人たちは、コニーアイランドのホットドッグ・スタンドを実際に目にしたか、そのうわさを耳にしたことがあったのだろう。自分の店のメニューに「コニーアイランド」の名前をつけることで、ホットドッグの格を上げる効果があった。小さな外食店舗を開くのはヨーロッパの貧しい地方からやってきた移民たちばかりで、それもホットドッグ社会史の一面だった。

◉起業家たち

食品業界でよくいわれるように、ホットドッグはいわゆるペニービジネスだ［ペニーは1セントのこと］。1ポンド当たり数ペニーの利益を積み重ねることで大きな利益になる。売り手にとってそれはあらゆることを意味する。昔もいまも、ホットドッグの専門業者の多くは、ビジネスの世界の最底辺からスタートする小規模な起業家たちだ。食べ物はつねに、新規参入者や主流から取り残された人たちがもっと大きな経済に参入するために、近隣のコミュニティの住民を顧客にはじめるビジネスだった。グアテマラのマヤ系先住民の社会を研究した人類学者のソル・タックスはこれを「ペニー資本主義」と呼んだ。(5) 家族経営ビジネスのような地方ならではのやり方を都会の環境に持ち込むと、そこから先進社会の産業界に参入する道が開ける。

しかしこの種のビジネスは非正規のものとなることが多く、税金逃れの地下経済の一員となってしまう。たとえばイリノイ州のレイクフォレスト・カレッジで言語学の教授をしていたA・E・ミュニエは、1913年に「教育はあきらめ、もっと利益の上がる仕事をしようと移動式ピーナッツスタンドをはじめ」、ノースウェスタン大学のキャンパスではホットドッグも売っていたと報じられた。彼は月に200ドルの利益を上げ、大学で教えるより20ドル多かったと報告している。(6) 食べ物のような小さな商品は一度の利益は少額だ。しかしそれを積み上げていくことで、多くの家族が貧困の淵からはい上がることが可能になるのである。

小規模の起業家たちは、アメリカ文化の根底をなすもっとも重要な神話のいくつかを体現する。そこに、ホットドッグ人気が長く続いてきた大きな理由のいくつかが見出せる。もちろん、ビジネスでの成功はそのひとつだ。しかし、あまり目立たないかもしれないが、ほかにも理由がある。たとえばコミュニティの価値観だ。チェーンの小売店が発展する以前の時代、町に並ぶ商店を見ればその地域がよくわかったように、食品専門店もコミュニティを物語る。ほとんどの専門業者は地域や地元住民とのつながりが深く、業界の巨人になろうなどとは考えていなかった。その意味で彼らは――地区であれ町全体であれ――自分の属するコミュニティとその価値観を体現していた。

あなたもアメリカのさまざまな町で、人々がお気に入りのホットドッグ店について親しみを込めて語るのを耳にすることがあるだろう。それはピッツバーグの「O《オー》」かもしれないし、アトランタの「ヴァーシティ」かもしれない。あるいはニューヨークの「グレイズ・パパイヤ」かもしれないし、ロードアイランド州プロヴィデンスの「オリジナル・ニューヨーク・システムズ」やロサンゼルスの「ピンクス」かもしれない。よくいわれるように、ホットドッグのあるところが故郷なのだ。

個人主義と平等主義——このふたつもアメリカの重要な価値観だ。理想とされた18世紀自由主義の「平等」は、法のもとでの平等、あるいは機会への平等なアクセスを意味した。しかし、大衆的な理解では、格差のない水平的な社会という意味合いが強くなる。社会を管理する公的な機関——学校、政府、メディア——は、それぞれの形でこうした考え方を発展させては、これが「民主主義」なのだとはっきりと伝える。野球の試合の観戦、見本市への参加、あるいはピクニックに行った先でさえ、あらゆる社会的・経済的階級のアメリカ人が同じ場所で交じり合う。とりわけ、こうした公共の場所で同じものを食べることが、この平等な社会の理想を強化する。

ホットドッグは、社会の一体化の象徴としての役割を果たした最初の食べ物のひとつである。そしてホットドッグ・スタンドは、あらゆる階級の人々を引き寄せ、お互いのひじがふれ合う場所なのだ。スーツにネクタイ姿の客もいれば作業着姿の客もいる。しかし誰もがその町の名物ホットドッグを食べる。

その格好の例はロサンゼルスの「ピンクス」だ。映画スター、観光客、地元のちょっとこわい町に住む人たち。あらゆる人がやってくる。ホットドッグ・スタンドのオーナーの起業家としての姿勢は、このアメリカのふたつの理想を表現したものだ。ますます官僚主義的になり、社会的に——公私ともに——多層化されてきている昨今のアメリカという国において、これは根源に立ち戻る考え方といえるだろう。

この中国人船員のように、アメリカを訪れたアジア人はホットドッグのおいしさを知った。1942年。

アメリカの個人主義はかけがえのないものとして重視され、広告にもよく描かれる（ハンバーガー・チェーンの有名なキャッチコピーに、「バーガーキングではすべてあなたのお好みどおりに」がある）。ホットドッグは大量生産される食品でありながら、どこか個人的な、少なくとも地方色の強い食べ物になった。歴史的にいえば、ホットドッグはアメリカ初の大量生産される「ポーションコントロールされた（製造過程で製品の重さやサイズを正確に管理する）」食品である。もともと公共の場所での販売を目的に考え出された食べ物で、祭りの会場で売ることもあれば、通りを歩く人に売ることもある。

また、機械でつくられる食べ物ではあるが、アメリカ人はそれをよい方向に考えようとする。機械化の時代がはじまって以来、西洋社会の人々は自分たちと世界を機械の観点から見る傾向が強くなった。どこかの企業が宣伝で使いそうな言葉にするなら、機械でつくられる製品は手作業でつくられる製品より汚染されにくいことを意味する。ハンバーガー・チェーンのモットーにあるように、「すばやく、清潔に、安く」が無菌の食環境を生み出した。

ただし最初のファストフードであるホットドッグは、この公式見解にいくつかの面で正反対の立場をとりもしている。ホットドッグにはたくさんの種類があり、どの風味を選ぶか、上に何をのせるかは、地域や個人の好みで変わる。ホットドッグ売りが客に「何をのせますか？」とたずねる習慣は、古くからずっと変わらない。ホットドッグには「シカゴ」「ニューヨーク」「ホワイトホット（ニューヨーク州北部）」など、スタイルの大まかな分類はあるが、上に何をのせるかは食べる人次

アジア料理のレストランはアメリカ人の好みに合わせることで有名だ。この店は韓国のピビンバとホットドッグを組み合わせた。

第だ。

ホットドッグ好きは、自分の好みはよくわかっている。そして彼らの多くは、最高のスタンドや屋台は見かけが「みすぼらしい」ものだと認めている。それが古くからある「正統」な店のしるしに思えるからだ。実際に、通りを歩きながら手で持って食べるホットドッグは、おそらくホットドッグ売りのペニー資本主義と同じように、現代社会の風潮への抵抗のひとつなのだ。

●草の根文化

アメリカはつねに豊かな国を理想としてきた。ある有名な歴史家は、「潤沢な国の国民（People of Plenty）」という言葉を使った(7)。アメリカ人はたくさん持てば持つほど、もっと欲しくなる。食べ物も、消費財も、あらゆるものをたくさん欲しがる。重要なのは必ずしも食品の質ではなくて、量が多いことだ。19世紀のアメリカを訪れたヨーロッパ人の多くは、アメリカの食べ物のこの側面について書き記している。おおざっぱで、肉が多く、何であれ量が多い、と。どの町のどのファストフード店を訪ねても——フィラデルフィアのチーズステーキの店でも、シカゴのイタリアンビーフの店でも——食事客は手頃な価格で提供されるボリュームたっぷりの食べ物をほめそやす。ホットドッグの店とそのロゴにも、伝統的に量の多さが表現されてきた。もっともよく知られているのはヴィエナビーフ社のものだろう。個人経営の店の手づくり感にあふれた看板アートから、想像力に富んだ飾りつけの屋台まで、いずれも具材が山盛りになったサンドイッチの絵やイラストでおなかをすかせた客を魅了する。

ウェブサイトやブログの世界で目にするホットドッグの写真も同じで、よく見かけるのはフライドポテトを添えたクローズアップの写真だ。階級の垣根を越えて人気を得ているものの、ホットドッグは基本的には経済的、社会的地位の低い人たちの食べ物であり、こうした客層にとって重要なのはお金に見合う価値があるかどうか——どれだけ安く、どれだけたっぷりのものを買えるかであって、肉が多ければ多いほどよいのである。

ホットドッグのビジュアルアートと伝説が、こうした考え方のすべてを物語っている。ホットドッグの形をしたスタンドや屋台、ホットドッグのパンから具材があふれている絵が描かれた手製の看板や漫画（たいていは犬の絵で、とくにダックスフントがまさに食べられようとしているところが

1920年代には食べ物を模した手づくりアートが店の建築に取り入れられた。ロサンゼルスの「テール・オー・ザ・パップ」のように、レストランが名物料理そのものの形をしているところもあった。

多い）、ソーセージについてのジョークや歌にもそれが表れている。そこには、アメリカらしいユーモアが感じられる。辛口で、皮肉たっぷりだが、同時に気まぐれでノスタルジックでもあるユーモアだ。

これらはすべて、地元の客の需要に応えようとする小規模な起業家たちが、自分たちの文化を伝えようとするがゆえのさまざまな表現である。まさに草の根文化だ。そして、地元住民の味覚に合わせることを通して、地域特有のホットドッグスタイルを生み出したのも、こうした起業家たちにほかならない。

◉東海岸のホットドッグ

さまざまな民族的背景を持ち、地元コミュニティに密着したソーセージ製造業者とつながった小売業者によってホットドッグ人気が全米に広まると、まるで環境に適応する生物のように、地方ごとの名物ホットドッグが生まれていった。各地方のホットドッグ文化の力はあまりに強く、客はほかのタイプのものを受け入れないほどだ。ニューヨークのホットドッグチェーンが何度かシカゴに進出を試みたがすべて失敗に終わり大きな損失を出したのも、その一例である。ホットドッグ業界の複数のメーカーは、フロリダにはホットドッグの断層が南北に走っているという結論に至った。東海岸にはおもにニューヨークからの退職者たちが住み、西海岸は中西部から移ってきた人が多い。

シカゴの「スーパードーグ」の有名なホットドッグの看板。キャラクターのモリーとフロリーがドライブインで注目を集める。

起業家精神にあふれるホットドッグ店の経営者は、このシカゴの「ダックス」のように、色鮮やかな飾りつけで客を引き寄せる。

それぞれが自分の慣れ親しんだホットドッグを食べる。

数あるホットドッグのタイプのなかでも、特筆すべきものがいくつかある。特徴的な地方文化を反映しているもの、あるいはホットドッグの本場のシンボルとして全国的に有名になったものだ。

ニューイングランド地方の一部では、「チャウチャウドッグ」を目にする機会もあるはずだ（蒸したソーセージに、レタス、ベーコン、細切りのチェダーチーズのトッピング）。ロードアイランドには「ニューヨーク・システム」がある。これは1930年代後半にギリシア移民がはじめたもので、スパイスのきいたミートソースが特徴だ。ニューイングランドでは両側の耳を削り取ったパンにホットドッグをはさんで食べるのが一般的だ（ときにはファストフー

ニューヨークの「レオズ」。ホットドッグ屋台が常設の店を構えたときには、カウンター越しのサービスと立ち食い形式など、屋台のスタイルをそのまま持ち込むことが多かった。

ドチェーンの「フレンドリーズ」式にトーストしていることもある)。ソーセージは熱湯でゆでるかグリルで焼き、これにマスタード、ケチャップ、タマネギ、レリッシュをトッピングすることもある。マスタードとケチャップのトッピングでもっとも有名なホットドッグといえば「フェンウェイ・フランク」で、ボストン市民に愛されるレッドソックスの本拠地で売っている。

ニューヨークスタイルのホットドッグはおそらく、オリジナルの形にもっとも近い。[8]「パパイヤ・キング」や「グレイズ・パパイヤ」などの店で売られるオールビーフのホットドッグは小さめの天然ケーシングを使い(1ポンド当たり10本)、ニューヨークでもっとも有名なネイサンズがそうしていたように、鉄板で焼いてつくる。ほとんどはホットドッグ屋台に傘を提供したサブレット社のものだ。1930年代に創業したサブレット社は、ニュージャージーのマラソン・エンタープライズ社に買収された。この会社も1920年代にギリシア移民が開業した会社から発展したものだ。(9)

ニューヨークのホットドッグは通常はマスタードをつけて食べる。これにザウワークラウトか、少量のトマトベースのソースで調理したタマネギを少し混ぜたものをトッピングすることもある。グリルがないホットドッグ屋台は〝ダーティーウォーター〟（文字どおりの意味は「汚れた水」）で温める方法を使う。ソーセージをお湯のタンクに入れて温めておくのだ。ホットドッグは小さくて安いので――1個1ドルで売られていることもある――客は2個か3個注文し、その場で一気に食べてしまうこともある。

ニューヨーク州北部のロチェスター周辺で見かける名物ホットドッグは「ホワイトホット」。これは軽く味つけしたドイツのヴァイスヴルストまたはボックヴルストであり、天然ケーシングに豚肉と子牛肉を詰めたソーセージをグリルで焼き、タマネギ、マスタード、ときにはミートソースを添える。その親戚の「レッドホット」も人気があり、こちらはいくらか牛肉も含んでいる。ロチェスターのホットドッグ店「ツヴァイグル」は1880年にC・ヴィレヘム・ツヴァイグルがはじめた精肉店から発展した会社だが、1925年からホワイトホットを売りはじめたと言っている。ツヴァイグルとシラキュースにあるライバルのホフマン社が（シラキュースでは長いホットドッグが好まれる）、ニューヨーク州のこの地域の市場を支配している。(10)

ホワイトホットはウィスコンシン州、とくにミルウォーキー地域のホットドッグといくつかの特徴が似ている。どちらもアメリカにソーセージ文化を持ち込み、地域の食習慣に変化をもたらしたドイツ移民に由来する。この特徴的なホットドッグは豚肉ベースの太くて白いソーセージで、グリルで焼き、タマネギとマスタードを添えて食べる。ウィスコンシン州で一般的なのは粗びきのブラートヴルスト（その場で加熱調理される生のソーセージ）であり、通常はビールと一緒に食べる。移民の初期の世代の食べ物が、こうして文化の境界線を越えて広まっていったのである。

ニュージャージーは州としてはつねにアイデンティティの問題に悩まされてきたが、ホットドッグに関しては独創的だ。ここでは油で揚げたホットドッグが人気で、クリフトンの「ラッツハット」という店では3種類のスタイルで提供している。ほんの少しだけ揚げたもの、天然ケーシングが破れるまで揚げるリップフライ、そして真っ黒になるまで揚げる「クレマター」（火葬炉）だ。ニュージャージー州とその周辺にはイタリア系住民が多いため、「イタリアン・ホットドッグ」もある。油で揚げて堅焼きパンにのせ、揚げるか煮込んだジャガイモ、調理したタマネギとピーマンの細切りをトッピングする。最後のピーマンは青トウガラシの場合もあり、加熱調理するかピクルスにしたもので、この地域のファストフード文化にイタリア南部とシチリアの趣を加えている。

◉五大湖地域のホットドッグ

シカゴのホットドッグは基本のソーセージからトッピングまで、その組み合わせは民族融合のモデルといっていい。ここには「マックスウェル・ストリート・ポリッシュ」もある。シカゴは世界で2番目にポーランド系住民が多い町なので、パンの上にキェウバサ（kielbasa）がのるのは自然な流れのはずだったが、このホットドッグが生まれるにはマケドニア人の助けが必要だった。1939年頃、ホットドッグ・スタンドを経営するジム・ステファノヴィチがマックスウェル通りに「ジムズ・オリジナル」を開いた。ここでステファノヴィチは、故郷のソーセージに近い粗びきソーセージをポーランド人のソーセージ職人につくらせていた。この太いソーセージを鉄板で焼き、パンにのせて、シカゴスタイルの通常のトッピングのほかに、マスタードとあめ色になるまで炒めたタマネギを加える。マックスウェル・ストリート・ポーリッシュは、オリジナルの形でも、もちろんオールビーフの形でも、シカゴを代表するホットドッグになった。この町ではトマトケチャップは嫌われる。(11)

ミシガン州のデトロイト、フリント、ジャクソンは、「コニーアイランド」（コニー）スタイルのホットドッグの牙城といえる。すでに述べたように、ギリシア系とバルカン系のレストラン経営者がゆるいミートソースを考案し、「チリ」と名づけた。フリントでは、ソーセージ市場は「ケーゲル」と同義語に近い。ドイツで修行をしたヴルストマハー（ソーセージ職人）のアルバート・ケーゲルが創業した会社で、彼は1916年にフリントにやってきた。かつて工業都市だったフリントとデトロイトは、アメリカの凋落《ちょうらく》する自動車産業の中心地だった。コニー・ホットドッグのスタンドは現在も数多くあり、かつて自動車工場で働き、いまもこの町で暮らしている東ヨーロッパ系やアフリカ系などさまざまな民族的背景の住民に売っている。

同じようなホットドッグ文化は五大湖地域の南の端に点在する町にも見られる。ハンガリー風ソーセージドッグと名物ソースで知られるトレドの「トニー・パッコ」から、コニースタイルのホットドッグが優勢なインディアナ州北部のラストベルト地帯の町々を経て、シカゴにまで至る地域だ。このあたりの出身の人たちはしばしば、なつかしく思い出すのは故郷の食べ物で、とくにファストフードのホットドッグとそれに似た食べ物だと口にする。そのため、代表的なホットドッグ専門店はどこも、通信販売に力を入れている。

◉南部のホットドッグ

アメリカ南部の食べ物は地域ごとに多様性があることで有名で、ホットドッグにもその傾向が見てとれる。ウェストヴァージニア州のハンティントンとチャールストンにある多くの店で生まれたスタイルのひとつは（冗談交じりに田舎者を意味するヒルビリーと呼ぶことがある）、赤い「ウィーニー」（ウィンナー）をやわらかい蒸しパンにのせ、ミートソースをかけたもので（スパイシーなものもマイルドなものもあり、スタンドのオーナーの手づくりが多い）、マスタード、きざみタマネギ、コールスローをトッピングする。(12) ウェストヴァージニアのスタイルはノースカロライナ州とサウスカロライナ州にも浸透したが、東部地域の客は「テキサス・ピート・ホットソース」という酸っぱくてスパイシーなソースに目がない（このソースを開発した会社は創業が１９３０年代にさかのぼる）。この風味の好みはバーベキューのスタイルと一致する。このあたりではバーベキューソースも甘いものではなく、酸っぱくてスパイシーなものが好まれる。

さらに南のアトランタは、この国でもっとも有名なホットドッグ・スタンドのひとつ、「ヴァーシティ」の生まれ故郷だ。ヴァーシティ・スタイルの起源は、20世紀はじめに、〝オールド・ジョン・サラス〟に率いられた多くのギリシア人の露天商人が、「マスタード、チリ、ザウワークラウト」を添えた「ウィーニー」を売りはじめたことだといわれる。(13)

ジョージア州中央部では、地元住民は「スクランブルド・ホットドッグ」こそ自分たちのホットドッグだと主張する。南部のホットドッグの多くがそうであるように、「レッドホット」の名のとおり、ソーセージを赤く着色している。スクランブル・スタイルはコロンバスかメーコンあたりで生まれたもので、マスタード、ケチャップ、タマネギ、ミートソースに、チリとオイスタークラッカー（塩味の小さなクラッカー）をトッピングする。町によってはチーズとピクルスを加えるところもある。これらは田舎や小さな町の南部人向けにつくられた安い食べ物だが、ランチカウンターとともに［おもに昼食時に営業するカウンターが主体の小さな店］でおなじみのオイスタークラッカー

「ラッキードッグ」の屋台は陽気で色鮮やかなニューオリンズの町によくなじむ。

各地に広まった。

メキシコ湾岸のアラバマ州モービルの町は、盛大なマルディグラの祭りの期間中に無数のホットドッグ屋台が出ることで知られる。しかし、このあたりのホットドッグのスタイルはクラブを併設したニューオリンズの名物ホテル「デュー・ドロップ・イン」がはじめたものだ。そこで売っている「アップサイド・ダウン（上下さかさま）」のホットドッグは、鮮やかな赤いソーセージがザウワークラウトとチリのベッドの上にのり、マスタードとケチャップがかけてある。

湾岸地域でもっとも有名なホットドッグは、キリスト教の四旬節［復活祭の46日前から、復活祭の前日までの期間］の祭りで知られるもうひとつの町、ニューオ

ホットドッグはつくり方やトッピングに地域色が出る。この写真はアメリカ・メキシコ国境にあった初期のホットドッグ店で、両方のコミュニティから客がやってきた。

リンズに見つかる。1948年、スティーヴン・ロヤカーノとエラスムス・ロヤカーノが、ホットドッグの形をした独特な屋台で「ラッキードッグ」を売りはじめた。商品そのものは特別なものではないが、屋台のスタイルがニューオリンズの色鮮やかなクレオールの市場や祭りの伝統によく合っている。ラッキードッグは、ジョン・ケネディ・トゥールの悪漢小説『愚か者連合 *A Confederacy of Dunces*』の主人公イグナシウス・J・ライリーが、屋台をコミカルに使ったことでさらに有名になった。

●南西部その他のホットドッグ

南西部では、メキシコ料理がホットドッグにも影響を与えたのではないかと想像する人がいるかもしれないが、「ソノラ」のホットドッグがアリゾナ州トゥーソンに登場したのは1960年代になってからのことだ。メキシコ料理、より正確には北部メキシコ風のアメリカンフードはアメリカの食文化の一部となり、ソノラのホットドッグもアリゾナ州全域に広まった。これは普通のホットドッグをベーコンで巻いて加熱し（あるいは地元の食品安全基準にしたがって、焼いてきざんだベーコンを使うこともある）、インゲンマメ、サルサ、タマネギ、トマト、そしてマヨネーズやマスタード、ときには細切りチーズをトッピングしたものだ。使われるパンはメキシコスタイルの「ボリージョ」で、外側がカリッとしていてバゲットに似ている。

カリフォルニアには多くの種類のホットドッグがあり、特徴的なスタイルというものはない。ロサンゼルスはアメリカ国内でホットドッグの消費量が第2位の町だが（1位はニューヨーク）、名物ホットドッグがないというのはおそらく――この町の評判の悪さのひとつでもあるのだが――中心となる繁華街がないことを反映しているのだろう。

それはさておき、ロサンゼルスにはこの国でもっとも有名なホットドッグ・スタンドのひとつである「ピンクス」がある。1939年に移動屋台として生まれたこの店は、ホットドッグにマスタードと「どろっとした」チリをトッピングする。以前はおもにヒスパニックの客に売っていたということから、当時のカリフォルニアでのメキシカンフードの位置づけがわかる。

一方、1961年に開業した「ヴィーナーシュニッツェル」は、アメリカの全国的なホットドッグチェーンと呼ぶのがふさわしいレストランで、10州に340の店舗を展開している。このチェーンは毎年1億2000万個のホットドッグを売っているとされ、その大がかりなマーケティングにはダックスフントがキャラクターに使われている。ホットドッグはいくつかの種類があり、基本的なものはマスタード添えで、ほかに、チリ、タマネギ、トマト、レリッシュまたはザウワークラウトのトッピングのもの、パストラミ［塩漬けにして燻煙した肉］をのせたものがある。

カリフォルニアで東海岸のホットドッグの聖域にもっとも近いレストラングループといえば、おそらくサンフランシスコのベイエリアにある「キャスパーズ」だろう。1934年にオークランドでアメリカ人一家が開業したこの店は、1985年から自家製のソーセージを「SPAR」という名前で売りはじめた。いまもメニューにあるオリジナルのサンドイッチは天然ケーシングのホットドッグを蒸したもので、トッピングはチェダーチーズ、ザウワークラウト、ピクルスまたはハラペーニョ、チリドッグなどから選ぶことができる。(14) しかし、こうした西海岸の店では、アメリカの古い町で見られるような熱いホットドッグ文化にふれることはできない。

ほかにもホットドッグが人気の地域はあり、地域をまたいで広まった名物ホットドッグもある。たとえば、カンザスシティのホットドッグはザウワークラウトと溶けたチーズをのせるのが特徴だが、これはネブラスカ州オマハで1920年代に考案されたといわれる「リューベン」サンドイッチのスタイルに似ている。

それとはまったく異なる発展をした「コーンドッグ」はいまでは広い範囲で食べられ、ほとんど

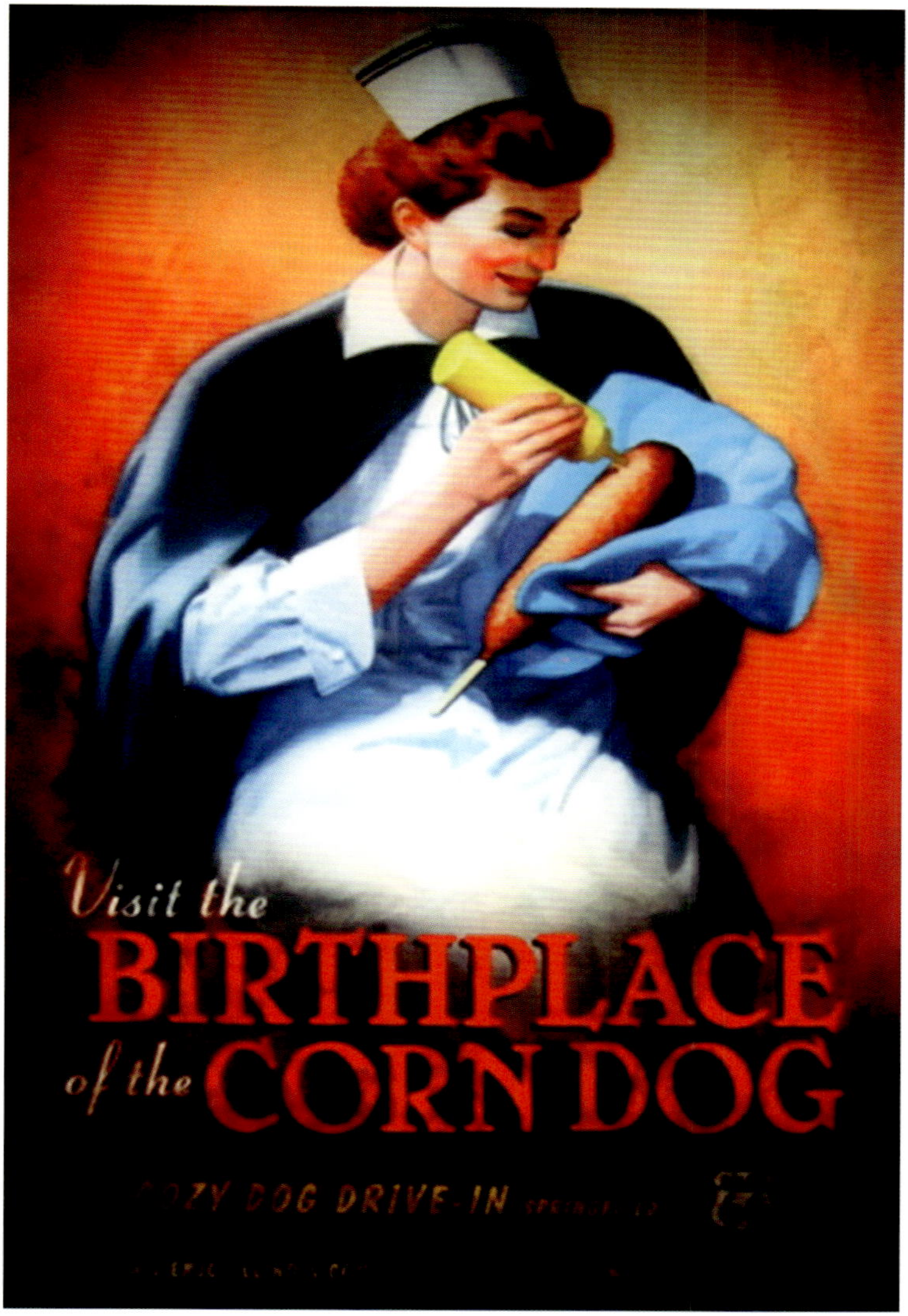

コーンドッグはおそらくアメリカ南部生まれの食べ物だが、もっとも有名な店はイリノイ州スプリングフィールドの「コージードッグ」だ。このポスターは、かつてはローカルフードだったこの食べ物を全国的なホットドッグにしたのは自分たちだとアピールしている。

のスーパーマーケットですぐに食べられる加工食品として売っている。基本的には南部と中西部に生まれた「コーンドッジャー」と同じで、串に刺したホットドッグ（安ければ安いほどいい）をトウモロコシ生地にくぐらせて揚げる。その起源については意見が分かれ、テキサスという説もあれば、イリノイ州スプリングフィールドの「コージーコーナー」という店が１９４７年頃のステートフェア［通常年に一回開かれる、各州の名産や特産物が紹介されるイベント］で売ったのが最初という説もある。コーンドッグは20世紀はじめには各地のフェアで目にするようになり、コーンディップの機械は１９２０年代には手に入れやすくなっていたので、テキサス説のほうが有力だ。

コーンドッグ人気の高まりのため、１９４６年にカリフォルニア南部のビーチに開業した「ホットドッグ・オン・ア・スティック」のレストランチェーンは、現在は17州に店舗を広げ、オーストラリア、インドネシア、フィリピン、ベネズエラでもフランチャイズ契約をしている。ほかの多くの食べ物と同じように、コーンまたはほかの生地をつけて揚げたドッグは、コミュニティの境界線を越え、アメリカの日常的な食べ物になったもうひとつの例である。

第5章 ◉ 世界のホットドッグ

アメリカの偉大な作家マーク・トウェインはヨーロッパへの旅について書いた1880年の『ヨーロッパ放浪記』で、ヨーロッパで出合った食べ物を故郷のすばらしい食べ物と比べ、嫌悪の目で見ている。ビーフステーキはこうあるべきと彼が考えていたのは、「4センチ近い厚みのある巨大なポーターハウスステーキ」で、塩とバターで軽く焼き、「やわらかく黄色っぽい脂肪」で取り囲まれているという、ベジタリアンならばぞっとしてしまうような代物だ。[1] もしトウェインが現在の世界を旅するとしたら、いたるところでアメリカの食べ物を目にするだろうが、この偉大な皮肉屋がそれによろこぶことはないだろう。なぜなら、すべて大量生産されたもので、彼がアメリカの食べ物の特徴だと考えていた風味も食感も失われているからだ。

ほかのアメリカのファストフードと同じように、ホットドッグも世界中に広まった。こうしたホットドッグはどれも――ドイツ語圏の国々でさえも――アメリカのホットドッグとは歴史も文化も共有していない。多くの国がアメリカから取り入れたのは、拠点となる工場で加工されるクイックフードを路上やフランチャイズの店で売るというアイデアと、そのユーモラスな名前と図像くらいのものだ。ホットドッグという名前は、第1次世界大戦の時代以来、アメリカの存在感と文化的な影響が世界中に広まったことを表す言葉なのである。

ホットドッグという名前は世界に広まったが、それぞれの言語に翻訳されてもいる。たとえば次のようなものがある。

スペイン語（スペイン、メキシコ、ラテンアメリカの大部分）――ペリート・カリエンテまたはペロ・カリエンテ
グアテマラ語――シュコス
カナダ（フランス語圏）――シヤン・ショ
ドイツ語――ハイサーフントまたはヴルスト
ポルトガル語（ブラジル）――カショーロ・ケンチ
スウェーデン語――コルヴまたはヴァームコルフ
ノルウェー語とデンマーク語――ポルサーまたはグリルポルサー
チェコ語――パーク・ヴィ・ロブリク
オランダ語――ヴォルスチェまたはブルージェ・メット・ワルム・ヴォルスチェ

フィンランド語――マッカラト
ロシア語――ソシスカ
標準中国語――ラウチャン
イタリア語――ホットドッグ
フィリピン語――ホットドッグ(2)

●カナダのホットドッグ

シンプルなホットドッグを好む国もあれば、その土地の食文化の影響で独自の食べ物に発展している国もある。カナダ人のほとんどは否定するが、彼らの国の英語圏の文化はアメリカのものと非常に近いので、両国のホットドッグには多くの共通点がある。カナダの都市部では、いくつかの種類のホットドッグが独自の形で伝統をつくり出した。トロントで育った人なら誰でも「ショプシーズ」で食べたことがあるだろう。これは1922年にハリー・ショプソヴィッツとジェニー・ショプソヴィッツがはじめたホットドッグの会社で、当時は服飾工場の労働者に販売していた。現在はメイプルリーフ社のブランドのひとつとなり、同社にはケベックの「ハイグレード」や西部の「バーンズ」ブランドもある。

ショプシーズの屋台では、客はグリルで焼いたホットドッグに、ケチャップ、マスタード、レリッシュ、ピクルス、あるいはベーコンとザウワークラウトなど、自分好みのトッピングを選ぶことができる。カナダ中の運動施設（たとえばトロントのエアカナダ・センターは、20センチを超える長さのホットドッグで有名だ）、さまざまなフェア、公園などの公共の場所では、ホットドッグを売るスタンドや屋台が見慣れた風景になっている。

フランス料理とストリートフードの伝統を併せ持つモントリオールは、英語圏の地域とはいくぶん趣が異なる。ケベック州のホットドッグ――シヤン・ショ（chien chaud）――は、ロティ（rotis）またはシヤン・トステ（chien toasté）と、もっと特徴的なシヤン・ステメ（chien steamé）に大別できる。後者は蒸したドッグを程よくしっとりしたパンにはさんだもので、「全部のせ」の場合、マスタード、コールスロー、スイートレリッシュ、きざみタマネギをトッピングする。モントリオールの「ミシガン」ドッグは、近くのニューヨーク州のもの――チリドッグ――とは違って、通常はイタリア風のハーブをきかせたトマトソースをかける。つけ合わせのフリットはカリッとして風味豊か――と思いきや、モントリオールスタイルはたいてい煮すぎでぐんなりしていて、ヨーロッパの母国のものとはかなり異なる。

●ラテンアメリカのホットドッグ

ラテンアメリカにはすばらしいストリートフードの伝統があり、古来の食習慣と旧世界からの移民が持ち込んだ習慣がミックスされている。ホットドッグはこの地域の特徴的なファストフードやストリートフードではないが、複雑に混ざり合った食文化の一部として、地域の特色が加えられている。

メキシコのストリートフードが北上していったのに対し、ホットドッグ（とデニーズのようなレストランチェーン）は南下し、地域ごとに多様化していった。スペイン語でホットドッグを意味する「ペロ・カリエンテ」がいつ頃から売られるようになったのかを知るのはむずかしい。おそらく20世紀初頭と思われ、テックス・メックス［メキシコ料理の影響を受けたアメリカ南部、とくにテキサス州周辺の料理］のタコスが人気になったのと同じ頃だろう。アリゾナ州のソノラスタイルも文化と国境をまたいだもので、ベーコンと溶けたチーズ（多くのメキシコのストリートフードに使われる）が、サルサとタマネギと一緒にホットドッグを覆っている。なかでも、メキシコシティは「ハートアタック［心臓発作］」のホットドッグがよく知られている。ベーコンで巻いたドッグで、現在はカリフォルニア州では保健当局によって販売が禁止されている。ほかのメキシコのローカルフードと同じように、ホットドッグにグアカモレ（アボカドのディップ）を使うこともある。

メキシコでは、どんな小さな町にもホットドッグの屋台が出ている。ほとんどはスーパーマーケットで売っているできあいの安物ソーセージを使っているが、メキシコ人が好きな赤トウガラシや青トウガラシのスパイシーなサルサをトッピングしているのが特徴だ。このタイプのホットドッグは国境の北側ではほとんど見かけない。

中央・南アメリカのほかの地域と同じように、グアテマラ人もさまざまなエンパナーダ（肉や魚、野菜をパイ生地風のパンで包んだもの）を食べる。この国ではホットドッグも「エンパナーダの一種」とみなされているようである。このあたりのスタンドは「シュコス」が有名だ。これは〝ダーティーウォーター〟のホットドッグであり、たくさんの種類のトッピングを選ぶことができる。マスタードとマヨネーズ、炒めたキャベツ、タマネギ、ほかのきざんだソーセージ、別の肉などだ。

ベネズエラとコロンビアのストリートフードも古くからバラエティに富んだおいしいエンパナーダが主流で、いまではそのレパートリーにホットドッグを含む。味付けをほとんどしていない豚肉ベースのドッグを詰め、ゆでてきざんだジャガイモかポテトチップのかけら（クリスプ）、タマネギ、マスタード、各種のスパイシーなソースをかける。

コロンビアではウズラの卵と、ときにはパイナップルを小さく切ったものが、サルサ・ロサード――ピンク色のトマトベースのソースで、生クリーム、クミン、レモン、ホットチリパウダーなどでつくる――と組み合わされる。ここでは客が自分でソースをたっぷりかけている光景がよく見られる。アメリカのホットドッグで言えば、チリやシカゴスタイルのトッピングをしたものとよく似ている。

ブラジルのホットドッグ、「カショーロ・ケンチ（cachorro quente）」の特徴は、なんといってもそのボリュームだ。これはカーニバルから直接生まれた食べ物で、パンに2本のドッグをはさみ、サラダ、マスタード、ケチャップ、マヨネーズ、エンドウマメ、コーン、ジャガイモ（フライドポテト、マッシュポテト、ポテトチップ）、オリーヴ、チーズなど、想像できるかぎりのありとあらゆるものをのせる。すべてのブラジル人がこうした巨大なホットドッグを食べるわけではないが、そうしたものが売っているというだけでもブラジルの盛りだくさんな食べ物と祭りの伝統を物語っている。

ホットドッグは南米の西海岸沿いにさらに南にも伝わっていった。ペルーとエクアドルではサルチパパ（salchipapa）をよく目にする。豚肉のホットドッグをスライスして油で揚げてパンにのせ、さまざまなサルサと、場合によっては目玉焼きをトッピングする。パパとはフライドポテトのことで、これをサンドイッチにして食べる。まさにストリートフードの代表で、手早く、安く、油っぽい。

◉ヨーロッパのホットドッグ

ヨーロッパにはソーセージを手に持って食べることについてはアメリカよりも長い歴史があるが、だからといってアメリカのホットドッグの伝統を排除するものではない。歴史的にみると、イギリスの食の伝統がアメリカ料理の基礎をなしているものの、「バンガー&マッシュ」（ソーセージとマッシュドポテト）のような食べ物は大西洋の西側では定着しなかった。しかし、ホットドッグはいまではイギリスのストリートフードとしてもなくてはならないものになっている。どことなくアメリカンスタイルのホットドッグが、イギリスの都市の通りやケータリングのワゴンで売られている。

ホットドッグの伝統を守るこのロンドンの屋台は、トルコ系キプロス人のハッサンが所有している。

一説によれば、ホットドッグは1926年にイギリスに伝えられ、翌年には、薄いグラシン紙に包み、赤トウガラシをふりかけたものがフットボールスタジアムで売られていたといわれる。(3)ただし、イギリスの高級料理《オートキュイジーヌ》の世界には受け入れられなかった。これについてはイギリスのロイヤルファミリーが1939年にホワイトハウスを訪問したとき、フランクリン・デラノ・ルーズヴェルト大統領がホットドッグでもてなしたという有名な逸話がある。(4)アメリカへの4日間の旅のあいだに、ジョージ6世とエリザベス女王はピクニックでホットドッグをふるまわれた。王は夢中になって食べたが、女王はナイフとフォークを使って食べたと伝えられる。

ネスレ傘下のヘルタ社は、人気の皮なしフランクフルトソーセージをイギリス市場向けに製造している。多くはパック入りで、ほとんどが飲食店に向けたものだ。このメーカーが紹介しているレシピのなかに「ヤンキー」というものがある。パンの上にレタスを敷き、スライスチーズでくるんだホットドッグをのせて、ケチャップ、マスタード、マヨネーズをかけ、きざみタマネギを加えて食べる。同様のおすすめレシピは、アメリカンスタイルとはまったく違ってコンチネンタルホットドッグに近く、おそらくマヨネーズが特徴になっている。

ロンドンに来る観光客向けのマーケティングツールのひとつ、「オーストラリア風」ホットドッグは、以前はトラファルガー広場をはじめ、イギリス中の屋台で売っていた。遠く離れたかつてのイギリス植民地で売っていたものとよく似ている。オーストラリアは長く母国の食の伝統を保っていた。ミートパイや有名な「パイ・フローター」のようなクイックフードにそれがよく表れている。

いまでは屋台のメニューから消えてしまったが、シドニーのウォーターフロント地域にはかつてそうしたなつかしい食べ物を売る屋台があった。ミートパイは油っぽい肉と煮すぎた野菜――たいていはマメ類――でつくったものが多く、消化が悪そうなパイ生地にグレイヴィーソースとともに包まれている。パイ・フローターはエンドウマメのスープにきざんだミートパイを浮かべ、さらにトマトベースのソースをかけたものだ。

ホットドッグもパイと競うように一般的になり、回転グリルでソーセージを焼くガソリンスタンドや、ホットドッグを売る路上の屋台やワゴンはめずらしくない風景となっている。1990年代半ばから、メルボルンやパースにラブドッグ（Love Dog）やショットドッグ（Shot Dog）のバンを見かけるようになった（一週間で1000本のソーセージを売るバンもある）。ホットドッグの多くはイギリス版の「オーストラリア」ドッグであり、大きくて弾力がなく、皮なしで、豚肉と鶏肉ベースだ。ただし、ブリスベンのアメリカン・ホットドッグ社のものなどはアメリカのホットドッグの特徴を完璧に備えている。

「ホットドッグ」という名前はドイツでも使われている。これは、第2次世界大戦の末期以来、この国に駐留した米軍からの影響がいかに大きかったかを物語っている。ドイツ人には何世紀も前から、クイックフードのソーセージをパンとマスタードと一緒に食べる習慣があった。チューリンガー、ヴィーナー、フランクフルターがなかでも人気で、たいていはグリルで焼いて食べる。一番人気のファストフードの店は、ときには「ヴュルストヒェンブーデ（Würstchenbude）」（ソーセー

ホットドッグは実際にはドイツ語圏で生まれた食べ物だ。オーストリアはウィンナーの生まれ故郷。

理想的なドイツのブラートヴルスト。パリッとしたロールパンにザウワークラウトのトッピング。

ジ屋台）または「インビス（Imbiss）」（軽食店）と呼ばれるもので、ブラートヴルストからボックヴルストまで数種類のソーセージを売っている。パンの薄切り、マスタード、ケチャップ風のソース、そして通常はフライドポテトが添えられる。

１９４９年に登場した名物ソーセージが「カレーヴルスト」で、一口サイズに切ったポークソーセージにカレーを混ぜたトマトソースをかけ、ロールパンと、たいていはフライドポテトと一緒に出される。この脂っぽい料理は地域ごとのバリエーションはあるが、いたるところにある。安上がりなので労働者が多く食べるが、最近ではもうひとつの労働者階級向けの食べ物――ドネルケバブ――に押されて人気が落ちている。

ドイツの隣のオランダにもソーセージの長い伝統があり、「世界の交差点」の名にふさわしく、ホットドッグもある。ほとんどの公共の場所に食べ物を販売する屋台やワゴンが出ており、たとえばアムステルダム中央駅では、蒸したパンにダーティー・ウォーター・ドッグをはさみ、マヨネーズ、マスタード、ケチャップ、タマネギ、トウガラシをのせたものを売っている。しかし、オランダ人の心のなかでアメリカ式のホットドッグがフリカンデル（frikandel）に取って代わることはなかった。円筒形をしたこのソーセージは豚肉、牛肉、鶏肉、馬肉をきざんで混ぜたものを油で揚げたもので、通常はマヨネーズ、マスタード、タマネギをトッピングして食べる。フリカンデルはドイツとスカンジナビアのミートボールに似たもので、同じように、パンにはさんで食べることはない。

しかしオランダの言い伝えでは、その材料についてアメリカ人がかつてホットドッグに対して抱いていたのと同じ疑いが持たれている。同じことはフェボ・クロケット（Febo Kroket）というオランダの一風変わったファストフードチェーンについても当てはまる。これは食べ物の自動販売機（１８９６年頃に開発された）のことで、ガラス扉の向こうにある食べ物を、コインを入れて購入する。kroket は「コロッケ」の意味で、肉入りの生地にパン粉をまぶして揚げる。創業以来のメニューである肉とソースを詰めたクロケットに加え、フェボはインドネシアスタイルのコメ料理、サテ、ホットドッグ、フラームス・フリット（ベルギー風フライ）も提供している。アムステルダムのナイトライフには、こうした有名なフードショップが欠かせない。

北のスカンジナビアにもホットドッグの伝統がある。デンマークのチューリップ・フードカンパニーは豚肉ベースのホットドッグの最大の製造会社だが、主力のステフ・ホウルベルク・ブランドはヨーロッパのほかの地域でも販売されている。看板商品の長いソーセージはパンの端からはみ出すほどで、マスタード、ケチャップ、マヨネーズベースのレムラードソースをかけて食べる。長いホットドッグを売る屋台やスタンドは、天気さえよければスカンジナビアのどの国でも見られ、とくにスウェーデンではソーセージを薄いピタタイプのパンでくるむこともある。スウェーデン人はフランクフルトのつけ合わせとしてマッシュポテトを好み、しばしばパンなしでソーセージとポテトだけを食べたり、シュリンプサラダと一緒に食べたりする。

スウェーデンに負けじと、アイスランドにもピルサ（pylsa）と呼ばれる独自のホットドッグがある。ヒツジと豚のひき肉を使うものだ。ヨーロッパで一番のホットドッグ・スタンドともいわれる

アイスランド人にとってソーセージはなじみのある食べ物で、ヨーロッパでもっとも有名ともいわれるホットドッグ・スタンドがある。

バイヤリンス・ビスツ（Baejarins Betzu）は1937年に首都のレイキャヴィクで創業した企業だ。アイスランドではトッピングにマスタード、ケチャップ、揚げタマネギと生のタマネギ、レムラードソースなどを使う。ベーコンを巻いたドッグをポテトサラダと一緒に出すスタンドもある。

フランスは、おいしいパンを利用してホットドッグを楽しむ唯一の国だ。バゲットをくり抜いて香辛料をなかに注ぎ、バゲットの端から突き出すくらい長いホットドッグを挿入する。多くのブランジェリーでより一般的なのは、バゲットをふたつに切り分け、チーズ（通常はグリュイエール）、ベシャメルソース、そしてソーセージをのせ、すべて一緒に温めたものだ。

イタリア――フランスとは食文化の面でも近代初期以降の長い結びつきがあると料理史家が考え

る国——にも、ホットドッグ文化といえるものがある。イタリア中のカフェや小さな食品店、ローマなどいくつかの都市の屋台では、ピザやサンドイッチなどとともにホットドッグも売っている。ただしここはイタリアだ。パンが重視され、ホットドッグはパニーニとして提供される——つまり、チャバッタというパンにマスタードと、おそらくはサラダを添えて食べる。

スペインも、東や北の隣国と結びついた料理の伝統が長い。ここにはアメリカ式のホットドッグによく似たサルチーチャ（salchicha）があり、軽く味つけした国産のポークソーセージが使われる。第2次世界大戦後、オスカー・マイヤーはスペインに進出して飲食店と小売店の両方を開いた。そのパッケージ入りの製品は市場に並び、ホテルやカフェテリアのビュッフェでもよく目にするようになったが、レストランのメニューとしてのホットドッグはスペインではあまり定着しなかった。もしメニューにあれば大勢の観光客がよろこんで注文するかもしれないが。スペイン料理は断固としてスペイン式でなければならない。とはいえ、そのこだわりは、スペイン企業のホットフードマティックが温かいバゲットのホットドッグが出てくる自動販売機を開発する妨げにまではならなかった。

東ヨーロッパにもソーセージ文化は根づいている。ホットドッグはチェコからロシアまで広い範囲で見られる。プラハのヴァーツラフ広場にはホットドッグ・スタンドがたくさんあり、「アメリカン・ホットドッグ」と宣伝している店もある。チェコのパーレック（párek）またはパーレック・ヴ・ロフリーク（párek v rohlíku）——ソーセージ入りロールパン——は、チェコがドイツ語を話す近隣国とソーセージの伝統を共有してきたことを表している。

アメリカのホットドッグをチェコ式にしたホットドッグロール

座って食べるレストランではグリルで焼くか油で揚げた豚肉ベースのソーセージが2本セットで出され、通常はパン、ポテト、調理したキャベツか生のキャベツが一緒についてくる。ストリートフードの場合はフランス式になり、外側がパリっとしたパンをくり抜き、そこに2本の細いソーセージにマスタードとケチャップ、またはそのどちらかを塗ったものを挿入する。キオスクではフラノルキ（hranolky）——フライドポテト——も売っていることが多い。同じような商品はチェコだけでなくスロヴァキアにも見られ、違いはスロヴァキアではリヒマン（richman）という、ゆでた野菜をつぶしてマヨネーズであえ、パンにのせたライバル商品があることだ。

ポーランドはソーセージの同義語といってもいいほどで、このキェウバサの国でさえ、ホットドッグは深く根を下ろした。ほかの国と同じように、ホットドッグはファストフードのメニューの仲間入りを果たし、

「ホットドッグ」の名前は、キェウバサの故郷であるポーランドでさえ広まっている。

いまではハンバーガーとともにピエロギ（pierogi）――さまざまな具を詰めたダンプリング――で人気の伝統的なミルクバーに取って代わりつつある。ラントマネン・ウニバケ・ポーランドは国際的な大手パン製造会社で、さまざまなホットドッグ用パンを製造している。拡大するポーランド（と東ヨーロッパの）市場向けにフランス風ロールパンもつくっている。

ポーランドのホットドッグの質について、アメリカのユーモア作家P・J・オロークは皮肉たっぷりにこう語った。「私のポケットには10万ズロチある。ポーランド人が半年かかって稼ぐより多い額だ。ようやくホットドッグを買った。アメリカのホットドッグに負けていない。ホットドッグには得体のしれない材料が入れられるものだが、このホットドッグにはそのすべての味がする」(5)

コニーアイランドの名店ネイサンズがグラスノス

チ時代の幕開けの１９８９年にモスクワの赤の広場にホットドッグ・スタンドを開いて以来、ロシアでのホットドッグ人気は高まる一方だ。ここでもハンバーガーと並んで、ホットドッグが伝統的なロシアのピロシキ（pirozhki）――肉や野菜を詰めたダンプリング――や、ブリンチキ（blinchiki）――チーズや肉を詰めたクレープ――と競い、取って代わろうとしている。ロシアはいまやアメリカのホットドッグの主要輸入国のひとつである。２００１年には2万４０００トンもの豚肉と鶏肉のウィンナーやボローニャソーセージが安価な食品として消費された。アメリカ産の鶏肉の売り上げも急増している。

●アジアとアフリカのホットドッグ

アジアの多くの地域は西洋文化を取り入れてきたが、韓国ほどその動きが急速だったところはない。アメリカの大々的な援助と米軍の存在で、韓国はいまや工業国となり、欧米の食品を大量に輸入している。韓国の町にはアメリカのファストフード店があふれるほどあり、たとえばデンマークのステフ・ホウルベルク社はソウルの大きな屋内市場のひとつにホットドッグ店を開いている。皮なしの豚肉ベースのホットドッグにマスタードをつけたホットドッグを売る店は、市街だけでなく主要高速道路沿いにも多い。

もともと朝鮮半島には長いストリートフードの伝統があり、遅くとも16世紀には油で揚げる技術は確立していた。日本のかまぼこに似た、風味づけした魚のすり身でつくる魚肉団子を串に刺して揚げたものはどこにでもある日常的な食べ物だが、最近ではホットドッグに衣をつけ、きざんだフライドポテトの上を転がしてまぶし、揚げたものにも人気が集まっている。南大門《なんだいもん》付近をはじめ、ソウルのファストフード屋台ではよくアメリカのホットドッグを見かけるが、このつぶつぶの衣の油っぽい食べ物もその数ある親戚のひとつといったところだ。屋台には、衣をつけ、ベーコンで巻き、さらには海苔でくるんだホットドッグさえある。韓国人は世界でも起業家精神に富んだ国民性で知られる。フライドポテトをまぶしたホットドッグが世界に広まるのもそう遠い将来のことではないかもしれない。

日本もアメリカとの結びつきが強い近代的工業国だが、ホットドッグ・スタンドはほとんど見かけない。韓国と同じように衣つきのドッグはよく見かけるが、韓国のようなストリートフードの伝統はない。１９８０年代に投資家グループがシカゴのホットドッグ・スタンドの経営者やヴィエナビーフの社員を招いて助言を仰いだが、大きな成功を収めることはできなかった。日本の起業家はバンクーバーの有名な屋台「ジャパドッグ」をモデルにすべきかもしれない。この屋台では海苔と千切りダイコン、味噌、ワサビ味マヨネーズをトッピングしたホットドッグを、伝統的なカナダ風ホットドッグと一緒に売っている。

中国は１９９０年代に欧米に対して経済開放政策を取りはじめて以来、ホットドッグ・スタンドがどんどん増えている。欧米からの観光客が多い町には有名店がひしめく。上海（オレンジ・ドッ

第2次世界大戦後、アメリカとの関係が深まった韓国に、ほかのファストフードとともにホットドッグも紹介された。

グ）、錦州《きんしゅう》（アメリカのホットドッグ・スタンド）のほか、北京でも観光客を呼び込むための戦略的な動きとして、まずは北海公園や北京歓楽谷に移動式ワゴンが目立つようになった。アメリカン・ブランチ・ファストフード・インターナショナル・フランチャイズ・カンパニーのホットドッグ屋台は、2008年夏のオリンピック景気をあてこみ、2010年までにはフランチャイズ店1000店以上に拡大すると意気込んだ。こうした屋台で売るホットドッグの多くはプレーンで皮なしの豚肉ベースの商品で、標準的なマスタードとケチャップのトッピングで食べるものだ。中国伝統のストリートフードとはまるで違っている。(6)

ホットドッグ起業家には地理的な境界線などは存在しない。アフリカでは17世紀のオランダ植民地の建設以来、ボーアヴルスト（boerwurst）

アメリカのファストフード文化が根を下ろしたアジアでも、ホットドッグは日常的な食べ物になった。フィリピン生まれの「ジョリビー」は世界的なチェーン店に発展した。

（農民ソーセージ）がアフリカーナ料理の一部だった。現在では、牛肉と豚肉を使ったスパイシーなボーアヴルストは家庭でも飲食店でもグリルで焼いて食べるのが一般的だが、手で持って食べる軽食としても人気がある。ホットドッグ専門の屋台やワゴンは、いまや南アフリカの都市の日常的な光景になった。石油会社のBPは世界中でワイルド・ビーンという食料品店を操業している。南アフリカのワイルド・ビーンはホットドッグ・カフェを開き、アメリカンスタイルのホットドッグ数種――トラディショナル、チリ、チーズ、ダブルチーズ――を売っている。興味深いことに、ワイルド・ビーンでホットドッグを扱う国のもうひとつが、オランダである。

急速に近代化が進んだインドも、少なくとも都会に住む若い世代のあいだではホットドッグが受け入れられてきた。チェンナイ、カルカッタ、ムンバイなどの都市ではホットドッグが公共の場所に彩りを添え、もっと小さな町――たとえばケララ州のトリチュール・プーラムの祭りなどでは、屋台のメニューとしてドーサや激辛の魚料理やマニオク料理とともにホットドッグを売っている。F&Bオールアメリカン・ダイナーという会社はホットドッグの〝インド化〟を計画し、たとえば鶏肉ベースの「マカニ・ホットドッグ」は、「チリコン・カルネと焼いたタマネギ」にカレーを混ぜている。ハンバーガーがインド人の味覚に適応できたのであれば、ホットドッグもそうできるだろう。外からの影響を吸収しインド化するのが、インドの歴史と食習慣の特徴だからだ。(7)

おそらく予想外のことながら、マレーシアでホットドッグ熱が高まっている［マレーシアはイスラームを国教としている］。アメリカのチェーン店A&Wが、しばらく前からこの国で店舗展開を繰り広げてきた。2001年にはホットドッグ・フィエスタという店舗を立ち上げ、約50グラムの鶏肉のホットドッグに新たなトッピングを加えたスパイシー・サンバル、クリーミー・カレー、ショク・サテ、そしてA&Wの定番チリソースを使ったクラシック・ホットドッグなどを提供している。(8)

もうひとつのチェーンは「1901」という非公開会社で、1997年にマレーシアで設立されたホットドッグのフランチャイズ企業である。名前はポロ・グラウンズ・スタジアムの伝説に由来しており、この会社の設立の背景にある考え方はハリー・M・スティーヴンズ自身も称賛を惜しまないだろう。トゥンク・ロジダルとエン・アフマド・ザヒルが設立し、ハラール［イスラム法で食べることが認められている食材や料理］に認定されたホットドッグを売っていたホットドッグ・スタンドをもとに、この会社はマレーシア、シンガポール、インドネシアに70店を構えるほどに成長した。小規模のホットドッグ・スタンドの経営者は、市場でファストフードを売ることで世界に進出する道が開ける。こうしたアジアの市場は地元だけでなく世界を相手にしているからだ。

提供するホットドッグのラインナップには、「ホーギー」（サブマリン・サンドイッチを意味するフィラデルフィアの呼び名）にトマトソースを合わせた「ニューヨーク」スタイル、同様のパンにレリッシュとトマトソースを合わせた「シカゴ」スタイル、鶏肉ソーセージにバーベキューソースとトウガラシの「テキサス風」と思われるもの、牛肉ソーセージにマッシュポテト、ザウワークラウト、ブラックペッパーソース、チリフレーク、ニューヨークドレッシングを組み合わせた「ドイチュ・ドゥードゥル・ダン・ビーフ」などがある。

文化の境界線を越えたエスニック料理は、経済の最下層からはい上がる起業家たちによって、それぞれの土地に適応して変化する。ホットドッグの物語そのものである。

謝辞

この本の出版を可能にしてくれた大勢の人々と団体に感謝する。まず、私をこのプロジェクトに参加させてくれたシリーズ編集者のアンディ・スミス。テキサス州オースティンのバリー・ポピック、ミズーリ州ローラのジェラルド・コーエン教授、そしてニューヨークの故デイヴィッド・シュルマンはすべてアメリカ方言学会にも貢献している言語考古学者で、彼らの研究がなければ、ホットドッグの真の歴史が書かれることはなかっただろう。3人の共著『「ホットドッグ」という語の起源 *Origin of the Word 'Hot Dog'*』は重要な作品である。

ホットドッグ・ビジネスとたくさんの雑学的知識については、全米ホットドッグ・ソーセージ審議会こそ訪ねるべき場所で、会長のジャネット・ライリーこそ訪ねるべき人物だ。ヴィエナビーフ社のボブ・シュワルツは話し上手なホットドッグ専門家で、この業界のたくさんのエピソードを提供してくれただけでなく、シカゴのすばらしいホットドッグ・スタンドをいくつか紹介してくれた。カリフォルニア州サンディエゴのフランク・〝アンクル・フランク〟・ウェブスターは、『フランクフルター・クロニクル *Frankfurter Chronicles*』の経営者にして「ホットドッグの殿堂」の管理人。ホットドッグに関するニュースと流行についてはかけがえのないガイドで、彼から贈られたフランキー・アワードの記念品は、わが家のマントルピースの上にうやうやしく飾られている。アメリカのホットドッグ業界の大勢の人々、製造に関わる人たちにも販売に関わる人たちにも、たくさんの情報をいただいた。あまりに数が多くてここで全員の名前を挙げることはできないが、同じくお礼を申し上げたい。ほかにも貴重な情報を提供してくださった方々がいる。ニューヨーク州バッファローのメダイール・カレッジのイロナ・ミドルトン教授からは、この地域の名物であるホワイトホットについて教えていただいた。ビョルン・ヴィダル・ホルトゥングからはスカンジナビアと北欧のホットドッグとソーセージについて助言をもらった。ウィリアム・ロックウッド教授には、コニーのバルカン半島の起源とミシガン州のホットドッグ全般について教えを受けた。ホットドッグ・レストランについての基本的な調査については、フードブログほど頼りになるものはない。これまでのところ、シカゴで一番のフードブログは、LTH-Forum.com である。

本書で使用した何枚かの写真と、飲食店のレビューを提供してくれた、メンバーのキャサリン・ランブレヒト、ピーター・イングラー、ゲーリー・ウィヴィオット、アンディ・ブルームにも感謝している。それ以外の写真は、ホットドッグ・スタンドの図像と美的要素についてともに学んだ私の学友であるシカゴのパティ・キャロルが提供してくれた。料理歴史家のゲイリー・アレンにも、「ホットダグズ」の伝統のホットドッグの写真を提供してくれたお礼を申し上げる。イリノイ州チリコシーのイリノイヴァレー中央高校のアンドリュー・ハドソンにも心から感謝している。この本に掲載されているおいしそうなダックスフントの絵は、彼の作品だ。ほかのイラストについては、ミシガン州立大学図書館のフィーディング・アメリカ・プロジェクト、ジョンズ・ホプキンス大学図書館のレヴィー・シート・ミュージック・コレクション、シカゴ歴史博物館、サンディエゴ歴史協会、議会図書館、ヴィエネビーフ社に感謝する。

最後に、このテーマに強い関心を寄せ、何年も私にこの本を書くように励ましてくれた大勢の友人たちにお礼を言いたい。なかでも妻のジャン・トンプソンは大のホットドッグ好きで、普通の人には考えられないくらいの量のホットドッグとフライドポテトを食べることにつながった。

訳者あとがき

本書『ホットドッグの歴史 *Hot Dog: A Global History*』はイギリスの Reaktion Books が刊行している The Edible Series の一冊である。このシリーズは、料理とワインに関する良書を選定するアンドレ・シモン賞の特別賞を２０１０年に受賞した。

安くておいしく、手に持って気軽に食べられるホットドッグは、ストリートフードの代表であり、いかにもアメリカ的な食べ物というイメージがある。ホットドッグと聞いてすぐに思い浮かべるのは、細長いロールパンにソーセージをはさんだものかもしれないが、一定の種類のソーセージ自体もホットドッグと呼ばれる。ドイツからの移民がアメリカに持ち込んだソーセージは、19世紀から20世紀にさまざまなアレンジが加えられて徐々に「アメリカ化」が進み、「ホットドッグ」の名前とパンにはさむスタイルの広まりとともに、アメリカを象徴する食べ物になっていった。マスタードとケチャップをかけただけのシンプルなものもあるが、地域ごとに移民コミュニティの食文化を反映した特徴的なトッピングが考案されていく。食物史の専門家である著者ブルース・クレイグは、ホットドッグの歴史のなかにアメリカという国のふたつのキーワード――多民族性と起業家精神

――を見出した。

本書で語られるエピソードのなかでとくに興味深いのは、ホットドッグを生み出した起業家たちの話としても伝えられるいくつかの「ホットドッグ誕生神話」だろう。たとえば1901年4月のある寒い日、ニューヨークの野球場で寒さに震える観客にあたたかい食べ物を提供するために、ソーセージをあたためてパンにはさんで売ったという話。使われたのが「ダックスフントみたいな細長いドイツのソーセージ」だったため、そこから「ホットドッグ」の呼び名が生まれたとされる。あるいは、1904年のセントルイス万国博覧会で熱々のソーセージを売っていた店が、手に持って食べやすいように客に手袋を貸し出していたが、ほとんど返してもらえなかったために、代わりに細長いロールパンにはさむことを思いついたという伝説もある。どちらも事実とは異なるようだが、こうした「神話」がまことしやかに語りつがれ、ホットドッグをアメリカの象徴へと押し上げてきた。

それにしてもアメリカのホットドッグ文化はじつに多彩で奥深い。各地にバラエティに富んだ名物ホットドッグがあり、有名なホットドッグ専門店やスタンド、またスーパーマーケットなどで売られる全国的なホットドッグブランドもある。当然ながらアメリカ式のホットドッグは世界にも進出してきたが、著者も指摘しているように、日本では専門店をあまり見かけない。たしかにホットドッグ自体はごく身近な食べ物だが、ホットドッグブランドと言われても、すぐには名前が浮かばないように思う。本書にも登場するニューヨークのコニーアイランド生まれの名店ネイサンズ（この店が主催する「ホットドッグ早食い大会」は日本人の優勝者が出たことで、ニュースによく取り上げられるようになった）は、2003年に日本に進出したが、数年で撤退した。それに対し、おもしろいことにカナダでは日本スタイルのホットドッグ店「ジャパドッグ」が人気で、アメリカにも拡大しているという。この店のウェブサイトを見ると、「テリマヨ」「オロシ」「オコノミ」「ネギミソ」などオリジナリティのある和風トッピングのメニューが並ぶ。日本への「逆輸入」を期待する声もあるようだが、はたして実現の見込みはあるだろうか。

専門店は少ないにしても、どこかなつかしさを感じさせるホットドッグは、日本人にとっても愛すべき食べ物といえるだろう。素材や味にこだわったおいしそうなホットドッグをメニューに見つければ、つい味わってみたくなる。そうした隠れた絶品ホットドッグをさがし歩くのも、ひとつの楽しみ方かもしれない。

田口未和

2017年7月

写真ならびに図版への謝辞

図版の提供と掲載を許可してくれた関係者にお礼を申し上げる。

Courtesy of/collection of the author: pp. 11, 25, 57, 86, 99, 102, 106, 113, 118, 119, 146, 150, 151; photos by Patty Carroll: pp. 82, 84, 91, 115, 117, 125; courtesy Professor Gerald Cohen: pp. 34-35, 51; photo courtesy Peter Engle: p. 83; courtesy Feeding America project, Michigan University Library: p. 27; from Heller's Sausage-Making Secrets, 1925: p. 62; Hot Doug's, Courtesy Gary Allen: p. 17; courtesy Illinois Tourism Board: p. 129; photo courtesy Catherine Lambrecht: p. 94; photos Michael Leaman/Reaktion Books: pp. 138, 144, 147; courtesy Levy Sheet Music Collection, John Hopkins University Library: p. 47; Library of Congress, Washington, DC: pp. 38, 39, 45, 55, 64, 65, 68, 79, 111; photo Magruder's, San Diego: p. 126; courtesy National Hot Dog and Sausage Council: pp. 6, 14; courtesy San Diego Historical Society: p. 126; courtesy Vienna Beef Company: pp. 98上, 98下; courtesy 'Uncle' Frank Webster: p. 47; photo courtesy Gary Wiviott: p. 141上.

参考文献

Amstutz, Bernard et al., *Schweitzer Wurstwaren* (Herausgegeben von der Schweizerischen Fachshule für das Metzgereigewerbe Spiez)

Barry, Dan, 'He Confirmed It, Yes He Did: The Wicked Witch Was Dead', *New York Times* (18 February 2007)

Benson, John, *The Penny Capitalists: A Study of Nineteenth-century Working-class Entrepreneurs* (New Brunswick, NJ, 1983)

Boy Scout Songbook (New Brunswick, NJ, 1963)

Brinson, Carroll, *Tradition of Looking Ahead: The Story of Bryan Foods* (Jackson, MS, 1986)

'British "Hot Dogs" Don Overcoats for Football Games', *Chicago Daily Tribune* (30 October 1927)

Bryan, Mrs Lettice, *The Kentucky Housewife* (Cincinnati, OH, 1839)

Code of Federal Regulations (US), 9, vol. II (revised 1 January 2003)

Cohen, Gerald Leonard, Barry A. Popik and David Shulman, *The Origin of the Term 'Hot Dog'* (Rolla, MO, 2004)

Dalby, Andrew and Sally Granger, *A Classical Cookbook* (Los Angeles, CA, 1996)

Dodge, Wendell P., 'The Pushcart Industry', *The New Age Magazine* (May 1910), pp. 406-412

Durso, Joseph, *Casey and Mr. McGraw* (St Louis, MO, 1989)

Gabaccia, Donna, *We Are What We Eat: Ethnic Food and the Making of Americans* (Cambridge, MA, 1998)

Grier, Katherine C., *Pets in America: A History* (Chapel Hill, NC, 2006)

Heller's Secrets of Meat Curing and Sausage Making [1905] (Chicago, IL, 1929)

Hieatt, Constance B. and Sharon Butler, *Curye on Inglish: English Culinary Manuscripts of the Fourteenth-Century (Including the Forme of Cury)* (New York, 1985)

Hill, Archibald A., 'The Pushcart Peddlers of New York', *The Independent*, 61 (1906)

Holli, Melvin G. and Peter d'A. Jones, *Ethnic Chicago: A Multicultural Portrait*, 4th edn (Grand Rapids, MI, 1995)

Horowitz, Roger, *Meat on the American Table: Taste Technology, Transformation* (Baltimore, MD, 2006)

Kannapell, Andrea, 'HOT DIGGITY! DOG DIGGITY! - HOTDOGGERS: Taking the Wiener to the World', *New York Times* (24 May 1998)
Kersten, Holger, 'Using the Immigrant's Voice: Humor and Pathos in Nineteenth Century "Dutch" Dialect Texts', *MELUS*, 21/4, and *Ethnic Humor* (Winter 1996)
Kraig, Bruce, 'The American Hot Dog: Standardized taste and Regional Variation', *Proceedings of the Oxford Symposium* (Oxford, 1987)
——, 'The American Hot Dog Stand', *Proceedings of the Oxford Symposium*, 'Public Eating', (Oxford, 1992)
——, 'The Iconography of American Fast Food', *Proceedings of the Oxford Symposium* (Oxford, 1992)
Lawton, John, 'Mesopotamian Menus', *Saudi Aramco World* (March/April 1988)
Lears, Jackson, *Fables of Abundance: A Cultural History of Advertising in America* (New York, 1995)
Links with the Past: A History of Oscar Mayer & Co. (Madison, WI, 1979)
Lloyd, Timothy C., 'The Cincinnati Chili Culinary Complex' in Barbara G. Shortridge and James R. Shortridge, *The Taste of American Place: A Reader on Regional and Ethnic Foods* (Boston, MA, 1998)
McNeal, James U., *The Kids Market: Myth and Realities* (Ithaca, NY, 1999)
Marchello, Martin and Julie Garden-Robinson, 'The Art and Practice of Sausage Making', North Dakota State University Extension, HE-176 (December 1998): ag.ndsu.edu/pubs/yf/foods/he176w.htm
Meade, James W., 'Hail the Hot Dog', *The Atlanta Constitution*, (13 April 1913)
'Meat for the Multitudes', *The National Provisioner*, 185/1 (4 July 1981)
Moe, Doug, 'His Wiener Jingle Was a Winner', *Capital Times* (14 January 2005)
National Provisioner Online, the, 'Best Strategies: Hot Dogs', (2005): provisioneronline.com.
O'Rourke, P. J., *Holidays in Hell* (New York, 2000) [P. J. オローク『楽しい地獄旅行』芝山幹郎訳，河出書房新社，1991年]
Paulucci, Jeno F., *Jeno, The Power of the Peddler* (Ashland, OH, 2006)
Potter, David M., *People of Plenty: Economic Abundance and the American Character* (Chicago, IL, 1958)
Raeder, Ole Munch, trans. and ed. Gunnar J. Malmin, *America in the Forties: The Letters of Ole Munch Raeder* (Minneapolis, IN, 1929)
Reynolds, Quentin, 'Peanut Vendor, and Father of the Hot Dog', *Collier's* (19 October

1935)
Rice, Grantland, 'The Sportlight', *New York Sun* (5 May 1943)
Savic, I. V., 'Small-scale Sausage Production', Food and Agriculture Organization of the United Nations (Rome, 1985): fao.org/docrep/003/x6556e/X6556E02.htm
Schwartz, Bob, *Never Put Ketchup on a Hot Dog* (Chicago, IL, 2008)
Seymour, Harold, *Baseball: The Golden Age* [1971] (New York, 1989)
Shulman, David, 'My Research on Hot Dogs', *Comments on Etymology*, XX/9 (May 1991)
Slotkin, Richard, *The Fatal Environment: The Myth of the Frontier and the Age of Industrialization, 1800-1890* (New York, 1985)
Smith, Eliza, *The Compleat Housewife or, Accomplish'd Gentlewoman's Companion* (Williamsburg, VA, 1742)
Snow, Richard F., *Coney Island: A Postcard Journey to the City of Fire* (New York, 1984)
Tax, Sol, *Penny Capitalism: A Guatemalan Indian Economy* (Washington, DC, 1953)
Twain, Mark, *A Tramp Abroad*, new edn (New York, 1997 [1880]) [マーク・トウェイン『ヨーロッパ放浪記』飯塚英一訳, 彩流社, 1996年]
De Voe, Thomas Farrington, *The Market Assistant, Containing a Brief Description of Every Article of Human Food Sold in the Public Markets of the Cities of New York, Boston, Philadelphia, and Brooklyn* (New York, 1867)
Ward, Artemas, *The Grocer's Encyclopedia* (or *Encyclopedia of Foods and Beverages*) (New York, 1911)
Whitlock, Craig, 'Germans Take Pride in the Wurst; 1432 Decree Shows Thuringian Sausage May Have Been Nation's First Regulated Food', *Washington Post* (2 December 2007)
Zwilling, Leonard, 'A TAD Lexicon' in Gerald Cohen, ed., *Etymology and Linguistic Principles*, vol. III (Rolla, MO, 1993)

レシピ集

◉シカゴスタイルのホットドッグ

伝統的なシカゴスタイルのホットドッグは，風味と食感がうまく組み合わされている。材料は新鮮であればあるほどいい。1本からつくれるが，好きなだけ数を増やすことができる。

牛肉100パーセントのホットドッグ…55*g*以上（できれば天然ケーシング）
ポピーシード入りロールパン（真ん中に切れ目を入れる）
イエロー・マスタード
グリーン・レリッシュ（ピカリリー）
タマネギ（みじん切り）
トマトの薄切り…2〜4枚
キュウリのピクルス…2本
スポートペッパー（トウガラシのピクルス。辛みがマイルドからホットのもの）…5*cm*
セロリソルト（好みで）…少々

1. ホットドッグを沸騰した湯でゆでる。風味と食感を維持するため，ゆで時間は長くても20分までにする。
2. ホットドッグを温めているあいだに，ポピーシードパンをやわらかくなるまで蒸し器で蒸す。
3. ホットドッグを取り出し，パンにはさむ。好みのトッピングを順に加える。ホットドッグの両側にトマトの薄切り，その隣にスポートペッパー，いちばん上にキュウリのピクルスをのせる。好みでセロリソルトをふる。
4. 食べるときにはホットドッグを体から離すか，胸当てをする。

注意：シカゴ・ホットドッグの熱烈な愛好者はトマトケチャップを毛嫌いする。だから，いくら怖いもの知らずでもケチャップのボトルは取り出さないほうがいい。

◉ドライ・コニー・ソース

コニー・ドッグはアメリカだけでなく世界中どこにでもある。オリジナルのコニー・ソースはゆるいチリソースで，ミシガン州のデトロイト＝フリント＝ジャクソン地域で生まれた（ただし，アメリカ南西部やシンシナティも自分たちが発祥の地だと主張している）。

このレシピはフリントのコニーのスタンドにおもに製品を卸しているケーゲル社のソースを応用したもの。オリジナルの原材料は次のとおり。「牛の心臓，牛のスエット，水，小麦粉（漂白小麦粉，麦芽入り大麦粉，ナイアシン，臭素酸カリウム，鉄，チアミン硝酸塩，リボフラビン，葉酸），クラッカーミール（小麦

粉，塩），大豆タンパク製代用肉（大豆粉，カラメル色素），スパイス，塩，パプリカ，砂糖，マルトデキストリン，タマネギパウダー，ガーリックパウダー，スパイスエキス」

このレシピは伝統的な「ドライ」ソース用。

牛の心臓（ハツ）…230*g*
牛の腎臓（マメ）…230*g*
パプリカ……大さじ2
チリパウダー（マイルド）…大さじ2
牛のスエットまたは料理油…120*ml*
塩，コショウ…適量
水…必要なだけ

1. 牛の心臓（ハツ）と腎臓（マメ）を粗びき状にすりつぶす。大きなボウルに入れ，スエットまたは料理油と塩を加えて混ぜる。
2. フライパンに入れて弱火で温め，時々かき混ぜる。煮詰まってきたら水を加え，こげつかないように注意する。
3. 水気がなくなり，ほろほろの「ソース」になったらでき上がり。

◉フランクス・アンド・ビーンズ（全米ホットドッグ・ソーセージ評議会より）

フランクス・アンド・ビーンズはアメリカの代表的な料理で，ニューイングランド地方が発祥ともいわれる。実際は一般的なヨーロッパのキャセロール料理の一種で，マメと豚肉を一緒に煮込んだもの。

さまざまなバリエーションがあるが，そのひとつが「スペシャル」で，かつてはユダヤ系のデリでよく見られた。ノックヴルスト（太い牛肉ソーセージ）をハインツのベイクトビーンズ（白インゲンをトマトソースで煮込んだもの）と一緒に食べる。

このレシピは全米ホットドッグ・ソーセージ評議会が提供している南部スタイルのもの。『名店ネイサンズのホットドッグ料理本 *Nathan's Famous Hot Dog Cookbook*』（1968年）に掲載されているものと似ているが，こちらでは「ニューイングランド」風として紹介されている。

（6カップ分）
ベーコン薄切り…8枚
タマネギのみじん切り…カップ1
ホットドッグ…500*g*（1.2*cm* 程度の大きさに切る）
ベイクドビーンズ…500*g* 缶1個（汁も使う）
レッドキドニービーンズ…500*g* 缶1個（水で軽くすすぎ，水気を切る）
ケチャップ…230*ml*
バーベキューソース（ヒッコリースモーク）…115*ml*
ブラウンシュガー…115*ml*
ドライマスタード…小さじ1
塩……小さじ½
ブラックペッパー…小さじ¼

チェダーチーズ（おろす）…115*ml*
スイートオニオンのみじん切り…55*ml*

1. 大きめのスキレット鍋で，ベーコンに焼き色がつきカリカリになるまで中火で炒める。鍋から取り出し，きれいなキッチンペーパーで余分な油をとる。鍋の油を大さじ1杯分だけ残し，あとは捨てる。ベーコンは細かく砕いて置いておく。
2. タマネギとホットドッグを1の鍋で，きつね色になるまで炒める。
3. 中サイズの煮込み用電気鍋（スロークッカー）に移し，ビーンズ，ケチャップ，バーベキューソース，砂糖，マスタード，塩，コショウを加えてよく混ぜる。ふたをして「弱」の設定で6〜8時間，または「強」の設定で2〜3時間煮込む。途中で時々かき混ぜる。
4. 皿に取り分け，取っておいたベーコン，おろしチーズ，タマネギのみじん切りをふりかける。

………………………………………………

◉バーベキュー・フランクフルト

ホットドッグはバーベキューと相性がいい。どちらも「アウトドア」フードの代表だからだろう。このレシピはバーベキュー用オーブンでつくるタイプのもので，『ベターホームズ・アンド・ガーデン・クックブック *Better Homes and Garden Cookbook*』（1941年，アイオワ州デモイン）の14〜15ページに掲載されている。地域発行の料理本に何らかの形でずっと紹介され続けてきたので，この料理の標準レシピといえるかもしれない。

（6人分）
ラード…大さじ2
タマネギのみじん切り…80*g*
トマトケチャップ…240*ml*
水…115*ml*
ブラウンシュガー…大さじ2
塩…小さじ½
カイエンヌペッパー（パウダー）…小さじ1
酢…大さじ2
レモン汁…60*ml*
ウスターソース…大さじ3
市販のマスタード…小さじ2
セロリのみじん切り…60*g*
フランクフルト…12本

1. 深めのフライパンを中火にかけ，ラードを熱する。タマネギを加えて透きとおるまで炒める。フランクフルト以外の残りの材料も入れてよく混ぜる。沸騰したら弱火にし，ふたをして20分煮込む。必要なら水を足す。
2. フランクフルトに穴を開け，フライパンに加える。ふたをして，さらに15分煮込む。

………………………………………………

◉チーズ・フランクフルト

ルース・ベロルツハイマー編，『アメリカのご当地料理本 *The United States Regional Cookbook*』（1939年）より。

チーズを詰めたホットドッグや，チーズで巻いたホットドッグはアメリカでもほかの国でも，とくに子供たちに大人気だ。クラフトフーズなどチーズ製造会社の調理実習室から多くのレシピが生まれた。

クラフトフーズは「アメリカンチーズ」の名前でプロセスチーズを広め，のちには個別包装したスライスチーズを売り出した。1920年代にはプロセスチーズの種類も豊富になっていた。

このレシピは「ピッグズ・イン・ブランケット」（ソーセージのベーコン巻き。名前は「毛布にくるまれた豚」の意）に似ている。

（6人分）
フランクフルト…12本
ベーコンの薄切り…12枚
プロセスチーズ…226*g*

1. フランクフルトに縦に切れ目を入れる。プロセスチーズをフランクフルトの長さに合わせ，6*mm*幅に切る。フランクの切れ目にチーズを詰めたものをベーコンで巻き，端をつまようじで留める。
2. フランクフルトをゆっくりと焼く。時々ひっくり返しながら，ベーコンとフランクフルトに完全に火がとおり，きつね色になるまで焼く。

●コーンドッグ

シンシナティのジョン・モレル社のレシピより。

コーンドッグはもうひとつの人気ホットドッグで，世界中にさまざまなバリエーションがある。南部のハッシュパピー（トウモロコシ生地を揚げたもの）から生まれたもので，少なくとも1920年代から食べられてきた。

（6人分）
揚げ油…190℃
コーンミール…カップ⅓
小麦粉…カップ⅔
砂糖…大さじ1
ドライマスタード…小さじ1
ベーキングパウダー…小さじ1
塩…適量
牛乳…カップ½
卵…1個（割って軽く溶いておく）
ショートニング（溶かしたもの）…大さじ1
フランクフルト…6本
串…6本

1. コーンミール，小麦粉，砂糖，マスタード，ベーキングパウダー，塩をよく混ぜ合わせる。牛乳，卵，ショートニングを加え，なめらかになるまで混ぜる。
2. 生地を背の高いグラスに入れる。
3. フランクフルトを串に刺し，コーン

ミール生地に浸して均等に覆うようにする。190℃に熱した油で約2分，黄金色になるまで揚げる。キッチンペーパーで余分な油をとる。

……………………………………………

◉カレー風味のホットドッグ

インドでホットドッグが食べられるようになったのは最近のことだが，イギリスとインドの料理が融合したアングロ・インディアン料理といえば「カレー」。カレーを使ったレシピは，英語圏では18世紀から登場するが，ホットドッグに使われたのは第2次世界大戦後のドイツの有名なカレーヴルストが最初だった。

このレシピはマレー・ハンドヴェルカーの『名店ネイサンズのホットドッグ料理本 *Nathan's Famous Hot Dog Cookbook*』に掲載されているレシピを参考にしたアメリカンスタイル。

（4人分）
ホットドッグ…8本
タマネギ…小2個（みじん切り）
リンゴ…1個（芯を抜いてきざむ）
溶かしバターまたはマーガリン…大さじ3
カレー粉…大さじ1
小麦粉…大さじ1
チキンスープ…カップ1

1. タマネギ，リンゴ，ホットドッグ（2.5*cm*の斜め切り）をバターでタマネギが透きとおるまで炒める。
2. カレー粉と小麦粉を混ぜ，チキンスープに入れてゆっくりかき混ぜる。沸騰したら1を加える。ふたをしてホットドッグに完全に火が通るまで10分ほど煮込む。
3. ライスを添えてテーブルに出す。

……………………………………………

◉パンジット・ビーフンとホットドッグ

フィリピンのファストフード会社ジョリビーは，世界市場に進出している。ホットドッグはその主力メニューだ。ホットドッグはフィリピンのポークソーセージ「ロンガニザ（longaniza）」の人気を奪いつつある。パンジットは古くからあるなじみの料理で，フィリピンの多様な文化の融合を反映している。

（4～6人分）
醤油…120*ml*
チキンスープ…カップ3～4（680～910*ml*）
ビーフン…450*g*
キャノーラ油…大さじ2～3
ニンニク…2片（みじん切り）
皮と骨を取り除いた鶏胸肉…140*g*（薄切り）
タマネギ…1個（薄切り）
キャベツ…70*g*（千切り）
ニンジンのすりおろし…110*g*
セロリの茎…1本（細切り）
ホットドッグ…200*g*（1.2*cm*幅に切る）

塩…適量
葉ネギ…50*g*（みじん切り）

1. 深鍋に醤油とチキンスープを入れ，強火にかける。
2. ビーフンを加えて，ばらばらにほぐれるようにかき混ぜ，やわらかくなるまで煮る。鍋から取り出し置いておく。
3. 大きめのフライパンに油を入れ，中火にかける。ニンニクを加え，やわらかくなるまで炒める。鶏胸肉を加えて火が通るまで炒める。鍋から取り出し，油少々を足して熱したら野菜を加える。タマネギが透きとおるまで炒める。
4. 鶏肉，ホットドッグ，ビーフンをフライパンに加え，好みで塩を加える。よくかき混ぜ，ビーフンがくっついたり焦げついたりしないように，醤油入りのチキンスープを必要なだけ加える。水分がほぼなくなったらでき上がり。

………………………………………

◉ピッグズ・イン・キモノ

全米ホットドッグ・ソーセージ審議会のレシピより。

ホットドッグはアジアでちょっとしたブームを引き起こした。日本のすしが欧米に広まったのと似ている。ここで紹介するのは「アジア化された」レシピ。

（16個分）
ホットドッグ…450*g*（8本入り）の袋（水気を切っておく）
テリヤキソース…カップ½
ワンタンの皮（7×9*cm*）…16枚
白ゴマ…大さじ2
黒ゴマ…大さじ1
[つけ合わせ]
海鮮醤，甘酢ソース，カラシナ

1. オーブンを200℃に予熱しておく。
2. ホットドッグを半分に切る（約6*cm*）。浅い皿にホットドッグをのせ，テリヤキソースを加えて30分寝かせておく。テリヤキソースは取っておく。
3. オーブンの天板にベーキングシートを敷く。ワンタンの皮を半分に折り，3.5×9*cm*の大きさにする。半分に切ったホットドッグを包み，端を軽く押して閉じる。
4. ワンタンの上にはけでテリヤキソースを薄く塗る。白ゴマと黒ゴマを混ぜ，ホットドッグにまぶす。
5. ワンタンの皮でくるんだホットドッグを閉じ目を下にして，あいだを2.5*cm*開けて天板に並べる。予熱したオーブンでワンタンに焼き色がつくまで12分焼く。すぐに網の上にのせて冷ます。
6. 温かいうちに海鮮醤，カラシナか甘酢ソース（または両方）を添えて出す。

………………………………………

◉アリゾナ・ホットドッグ

文化の融合が感じられる興味深いホットドッグのひとつが，メキシコのソノラ

州とアメリカのアリゾナ州の名物のソノラ・ドッグだ。

材料として通常使われるのは，ベーコンを巻いて焼いたホットドッグ，インゲンマメ，焼きタマネギ，焼いた赤トウガラシまたは黄トウガラシ，おろしチーズ，タマネギのみじん切り，コリアンダーのみじん切り，トマトのみじん切り，ホットチリソース，マヨネーズ，マスタード。このレシピはオスカー・マイヤーのレシピを応用したシンプル版。

（6本分）
牛肉のフランクフルト…6本
ピーマン（赤，黄，または緑どれでも可）…3個（焼いて皮と種を取る）
赤タマネギ（みじん切り）…80g
生のハラペーニョ…1個（種を取ってみじん切り）
ニンニク…1片（みじん切り）
ホットドッグ用パン…6個（切れ目を入れる）
コリアンダーのみじん切り…カップ¼（5g）

1. グリルを熱してフランクフルトをのせ，時々ひっくり返してなかまで火が通るまで焼く。
2. そのあいだにピーマンを縦に細切りし，中くらいのボウルに入れる。タマネギ，ハラペーニョ，ニンニクを加えて軽く混ぜる。
3. パンに焼いたフランクフルトをのせ，2をトッピングし，さらにコリアンダーのみじん切りを散らす。

注意：ほかのソノラスタイルの材料を試すこともできるが，ベーコンを使うときには完全に火を通すように注意すること。

付録　ホットドッグ工場

1. 選別したトリミング肉を細かく切ってたたき，ミキサーに入れる。つねに重さを量り，原材料が適切なバランスを保つようにする。

2. ステンレスの刃がついた高速の肉ひき機（ミートチョッパー）で，肉，スパイス，塩漬剤をエマルジョン（乳化）状態の生地にする。

3. 生地を充填機のなかに注ぎ込む。ひだを寄せたセルロースのケーシングを充填機のノズルに機械で取りつける。生地がノズルからケーシングのなかに流れ，十分に詰めたところで正確なサイズのホットドッグになるように等間隔でねじって鎖状につながった状態にする。それが燻煙室のコンベアーにのせられる。

4. 温度と湿度が管理された燻煙室で，ホットドッグに完全に熱をとおし，広葉樹のチップの煙で燻すことで質感，色，芳香を加える。

5. 燻煙と加熱のサイクルを終えると，冷水を浴びせ，皮むき機へと進む。ここでは，中身を保護しながら空気と煙を通すセルロース製のケーシングの「皮」が取り外され，鎖状につながったソーセージをばらばらにして，パッケージ工程へ送る。

6. 最後に検査機のコンベアーにのせられ，重さが規定から外れるものがはじかれる。その後，真空パックにする機械に通される。ここで，まったく同じ数と正確な重さの個々のソーセージがラップに包まれて真空包装される。

7. 包装され箱詰めされたホットドッグは保冷庫に移され，冷蔵トラックに積み込まれて配送される。トリミング肉のカットから消費者の食卓にのるまでのすべての工程がわずか数時間ということもある。

全米ホットドッグ・ソーセージ審議会のウェブサイト，www.hot-dog.org「How Hot Dogs are Made（ホットドッグの製造工程）」より。

注

第1章　ホットドッグの歴史

(1)　John Lawton, 'Mesopotamian Menus', *Saudi Aramco World* (March/April 1988).

(2)　次の文献のレシピを参照。Andrew Dalby and Sally Granger, *A Classical Cookbook* (Los Angeles, CA, 1996).

(3)　レバーソーセージとして一般的なブラウンシュヴァイガー（ブランズウィック・ソーセージ）は，14世紀後半の料理本 *The Forme of Cury* で紹介されているものの子孫といえる（Raphioles という名のレバーソーセージ・ミートパイのレシピが掲載されている）。以下を参照。Constance B. Hieatt and Sharon Butler, *Curye on Inglish: English Culinary Manuscripts of the Fourteenth-Century* (*Including the Forme of Cury*) (New York, 1985).

(4)　Craig Whitlock, 'Germans Take Pride in the Wurst; 1432 Decree Shows Thuringian Sausage May Have Been Nation's First Regulated Food', *Washington Post* (2 December 2007).

(5)　*Heller's Secrets of Meat Curing and Sausage Making* [1905] (Chicago, IL, 1929) p. 206.

(6)　Eliza Smith, *The Compleat Housewife or, Accomplish'd Gentlewoman's Companion* (Williamsburg, VA, 1742). これは長大なイギリス版を短くしたもの。Mrs Lettice Bryan, *The Kentucky Housewife* (Cincinnati, OH, 1839).

(7)　Thomas Farrington De Voe, *The Market Assistant, Containing a Brief Description of Every Article of Human Food Sold in the Public Markets of the Cities of New York, Boston, Philadelphia, and Brooklyn* (New York, 1867), p. 102.

(8)　同上。

(9)　Artemas Ward, *The Grocer's Encyclopedia* (or *Encyclopedia of Foods and Beverages*) (New York, 1911), pp. 553-559.

(10)　'Meat for the Multitudes', *The National Provisioner*, 185/1 (4 July 1981) vol. II, p. 108.

(11)　Barry Popik in *Comments on Etymology*, October/November 2007, vol. XXXVII/1-2, pp. 31-35.

(12)　Harold Seymour, *Baseball: The Golden Age* (New York, 1989 [1971]), pp. 51-52.

(13) Quentin Reynolds, 'Peanut Vendor, and Father of the Hot Dog,' *Collier's* (19 October 1935).
(14) Lenard Zwilling, 'A TAD Lexicon' in Gerard Cohen, ed., *Etymology and Linguistic Principles*, vol.III (Rolla, MO, 1993). 以下に引用されている。Gerald Leonard Cohen, Barry A. Popik and David Shulman, *The Origin of the Term 'Hot Dog'* (Rolla, MO, 2004), pp. 282-3.
(15) Grantland Rice, 'The Sportlight', *New York Sun* (5 May 1943). 以下に引用されている。Cohen, Popik and Shulman, Origin of the Term, p. 272.
(16) Richard Slotkin, *The Fatal Environment: The Myth of the Frontier and the Age of Industrialization, 1800-1890* (New York, 1985), p. 33.
(17) 食べ物にまつわる伝説についての記事や議論については，以下を参照。ftp.apci.net/~truax/1904wf/WF_Myths-Food.htm#hotdog.
(18) Richard F. Snow, *Coney Island: A Postcard Journey to the City of Fire* (New York, 1984), p. 56. バリー・ポピックが発見し，以下に掲載されている。Cohen, Popik and Shulman, *Origin of the Term*, pp. 269-70.
(19) *Brooklyn Eagle* (7 March 1886), p. 11.
(20) のちには次のような子供向けの歌もつくられた：
オランダ人がいた
彼の名前はジョニー・ヴァーベック
ソーセージとザウワークラウトとスペックを売っていた
彼は見たこともないほどおいしいソーセージをつくる
でもある日，すばらしいソーセージ製造機を発明した
ああ，ミスター・ジョニー・ヴァーベック
どうしてそんなに意地悪なの？
そんな機械をつくったらきっと後悔すると言ったでしょ
近所の猫や犬はみんな
姿を消してしまうだろう
ソーセージ肉になってしまうから
ジョニー・ヴァーベックの機械に入れられて
出典：*Boy Scout Songbook* (New Brunswick, NJ, 1963); 以下でこの曲のメロディを聴ける。www.mudcat.org/@displaysong.cfm?SongID=8781
(21) *Brooklyn Daily Times* (March 2004), p. 2. これを含め，「ホットドッグ」という語の歴史を詳しく説明する資料の多くは，研究者のバリー・ポピックが発見した。以下に引用されている。Cohen, Popik and Shulman, *Origin of*

the Term, p. 233.

(22) このテーマの曲を集めたものとしては，以下のすばらしい文献を参照。Cohen, Popikand Shulman, *Origin of the Term*, pp. 67-150. また，バリー・ポピックのブログも参照。barrypopik.com/index.php/new_york_city/entry/hot_dog_polo_grounds_myth_original_monograph

(23) library.upenn.edu/collections/rbm/keffer/winners.html. このフォークソングのタイトルは「Z' Lauterbach han I mein Strumpf verlor'n（私はラウターバッハで靴下をなくした）」。

(24) David Shulman, 'My research on hot dogs', *Comments on Etymology*, 20/8, pp. 14-16, 以下に引用されている。Cohen, Popik and Shulman, *Origin of the Term*, p. 13, ほかに私信。

(25) The Yale Record, 1/5（5 October 1895），以下に引用されている。Cohen, Popik and Shulman, *Origin of the Term*, p. 26. ポピックはもっと早い1893年にホットドッグという語が使われていたと報告している。

(26) barrypopik.com/index.php/new_york_city/entry/hot_dog_polo_grounds_myth_original_monograph.

(27) Holger Kersten, 'Using the Immigrant's Voice: Humor and Pathos in Nineteenth Century "Dutch" Dialect Texts', *MELUS*, 21/4, and *Ethnic Humor*（winter 1996）, pp. 3-17.

(28) 同上，p. 8.

第2章　ホットドッグのつくり方

(1) hot-dog.org/ht/d/sp/i/1683/pid/1683.

(2) 'Meat for the Multitudes', *The National Provisioner*, 185/1（4 July 1981）, vol. II, p. 108. 以下も参照。Roger Horowitz, *Meat on the American Table: Taste Technology, Tansformation*（Baltimore, MD, 2006）, p. 85.

(3) 同上。

(4) Horowitz, *Meat on the American Table*, p. 85; 'Meat for the Multitudes', p. 108.

(5) ハイグレード社（ボールパーク・ブランド）のカーティス・スロットキンへの取材（1990年3月）。

(6) *Horowitz, Meat on the American Table*, p. 87.

(7) 同上，pp. 91-92.

(8) *The National Provisioner*, p. 112.

(9) *Code of Federal Regulations*（US）, 9, vol. II（revised 1 January 2003）, p. 296.

（10） *The National Provisioner*, p. 109.

（11） A. Estes Reynolds Jr. and George A. Schuler, 'Sausage and Smoked Meat Formulation and Processing', Bulletin 865, Cooperative Extension Service（Athens, GA, 1982）: uga.edu/nchfp/how/cure_smoke/sausage_ingredients.html.

（12） オスカー・マイヤー社のマーケティング担当副社長，パット・ルビーへの取材（1991年2月）。

（13） Bernard Amstutz et al., *Schweitzer Wurstwaren*（Herausgegeben von der Schweizerischen Fachshule für das Metzgereigewerbe Spiez）, pp. 47, 54.

（14） コシャー・シオン社開発担当副社長，アール・アウアーバッハへの取材（1990年6月）。

（15） *Code of Federal Regulations*, 305-306.

（16） I. V. Savic, 'Small-scale Sausage Production', Food and Agriculture Organization of the United Nations（Rome, 1985）: fao.org/docrep/003/x6556e/X6556E02.htm.

（17） ハイグレード社マーケティング担当副社長，カール・ギルフェへの取材（1990年3月）。

第3章　ホットドッグの売り方

（1） Archibald A. Hill, 'The Pushcart Peddlers of New York', *The Independent*, 61（1906）

（2） Wendell P. Dodge, 'The Pushcart Industry', *The New Age Magazine*, May 1910, pp. 406-412.

（3） 以下を参照。Bruce Kraig, 'The American Hot Dog Stand': *Proceedings of the Oxford Symposium*, 'Public Eating'（Oxford, 1992）, pp. 174-177.

（4） 'Best Strategies: Hot Dogs' *The National Provisioner Online*, www.provisioneronline.com（2005）.

（5） オスカー・マイヤー社副社長兼コーポレートエコノミストのパット・ルビーへの取材（1990年2月）。

（6） オスカー・G・マイヤー・ジュニアへの取材（1990年3月）。

（7） Andrea Kannapell, 'HOT DIGGITY! DOG DIGGITY! - HOTDOGGERS: Taking the Wiener to the World', *New York Times*（24 May 1998）. 以下も参照。Anon., *Links with the Past: A History of Oscar Mayer & Co.*（Madison, WI, 1979）.

（8） Doug Moe, 'His Wiener Jingle Was a Winner', *Capital Times*（14 January 2005）.

(9) James U. McNeal, *The Kids Market: Myth and Realities* (Ithaca, NY, 1999).
(10) Carroll Brinson, *Tradition of Looking Ahead: The Story of Bryan Foods* (Jackson, MS, 1986).

第4章　ホットドッグ文化

(1) Donna Gabaccia, *We Are What We Eat: Ethnic Food and the Making of Americans* (Cambridge, MA, 1998), pp. 93-22.
(2) エミー・シュヴァルツ（ラダニ家のひとり）への取材（1990年1月）。
(3) Melvin G. Holli and Peter d'A. Jones, *Ethnic Chicago: A Multicultural Portrait*, 4th edn (Grand Rapids, MI, 1995).
(4) Timothy Charles Lloyd, 'The Cincinnati Chili Culinary Complex', in *Foodways and Eating Habits: Directions for Research*, ed. Michael Owen Jones (Los Angeles, CA, 1983), pp. 28-40.
(5) 以下を参照。Sol Tax, *Penny Capitalism: A Guatemalan Indian Economy* (Washington DC, 1953) and John Benson, *The Penny Capitalists: A Study of Nineteenth-century Working-class Entrepreneurs* (New Brunswick, NJ, 1983).
(6) 'Former Professor Peddling Peanuts on NWU Campus' *Chicago Daily Tribune* (24 September 1913).
(7) David M. Potter, *People of Plenty: Economic Abundance and the American Character* (Chicago, IL, 1958). 以下も参照。Jackson Lears, *Fables of Abundance: A Cultural History of Advertising in America* (New York, 1995).
(8) 'The American Hot Dog: Standardized taste and Regional Variation', *Proceedings of the Oxford Symposium* (Oxford, 1987).
(9) マラソン・エンタープライズ社会長グレゴリー・パパレクシスへの取材（1992年5月）。
(10) メダイールカレッジ（ニューヨーク州バッファロー）のイロナ・ミドルトン教授からの情報。
(11) Bob Schwartz, *Never Put Ketchup on a Hot Dog* (Chicago, IL, 2008).
(12) www.wvhotdogs.com.
(13) James W. Meade, 'Hail the Hot Dog', *The Atlanta Constitution* (13 April 1913).
(14) www.caspershotdogs.com/menu.php.

第5章　世界のホットドッグ

(1) Mark Twain, *A Tramp Abroad*, new edn (New York, 1997 [1880]).

(2) 全米ホットドッグ・ソーセージ審議会：hot-dog.org

(3) 'British "Hot Dogs" Don Overcoats for Football Games', *Chicago Daily Tribune* (30 October 1927).

(4) 全米ホットドッグ・ソーセージ審議会。

(5) P. J. O'Rourke, *Holidays in Hell* (New York, 2000), p. 77.

(6) http://kuching2.mofcom.gov.cn/aarticle/chinanews.

(7) 'Hot Dog? Everything is In The Name', *The Times of India* (13 February 2004): timesofindia.indiatimes.com/articleshow/494068.cms.

(8) 'A&W launches Hot Dog Fiesta', *New Straits Times-Management Times* (9 March 2001): nst.com.my.

ブルース・クレイグ（Bruce Kraig）
米ルーズヴェルト大学（シカゴ）の歴史学・人間科学名誉教授。Culinary Historians of Chicago（シカゴの料理歴史家）の創設者で会長。世界的に認められた食物史家で，アメリカ公共放送（PBS）の食に関する人気ドキュメンタリーの司会と脚本を担当するほか，ABC の『グッドモーニング・アメリカ Good Morning America』や BBC ニュースなど国内外の多くのテレビ番組や電子メディアに出演している。料理に関する書籍数冊があり，フードコラムニストとして新聞や専門誌にも数多くの記事を寄稿する。

田口未和（たぐち・みわ）
上智大学外国語学部卒。新聞社勤務を経て翻訳業に就く。主な訳書に『「食」の図書館 ピザの歴史』『「食」の図書館 ナッツの歴史』『「食」の図書館 サラダの歴史』『フォト・ストーリー 英国の幽霊伝説：ナショナル・トラストの建物と怪奇現象』（以上，原書房），『デジタルフォトグラフィ』（ガイアブックス）など。

「食《しょく》」の図書館《としょかん》

ホットドッグの歴史《れきし》

●

2017年7月21日　第1刷

著者……………ブルース・クレイグ
訳者……………田口未和《たぐちみわ》
装幀……………佐々木正見
発行者……………成瀬雅人
発行所……………株式会社原書房

〒160-0022 東京都新宿区新宿 1-25-13
電話・代表 03(3354)0685
振替・00150-6-151594
http://www.harashobo.co.jp

印刷……………新灯印刷株式会社
製本……………東京美術紙工協業組合

ISBN 978-4-562-05407-7, Printed in Japan

パンの歴史《「食」の図書館》

ウィリアム・ルーベル／堤理華訳

変幻自在のパンの中には、よりよい食と暮らしを追い求めてきた人類の歴史がつまっている。多くのカラー図版とともに読み解く人とパンの６千年の物語。世界中のパンで作るレシピ付。　２０００円

カレーの歴史《「食」の図書館》

コリーン・テイラー・セン／竹田円訳

「グローバル」という形容詞がふさわしいカレー。インド、イギリス、ヨーロッパ、南北アメリカ、アフリカ、アジア、日本など、世界中のカレーの歴史について豊富なカラー図版とともに楽しく読み解く。　２０００円

キノコの歴史《「食」の図書館》

シンシア・Ｄ・バーテルセン／関根光宏訳

「神の食べもの」か「悪魔の食べもの」か？　キノコ自体の平易な解説はもちろん、採集・食べ方・保存、毒殺と中毒、宗教と幻覚、現代のキノコ産業についてまで述べた、キノコと人間の文化の歴史。　２０００円

お茶の歴史《「食」の図書館》

ヘレン・サベリ／竹田円訳

中国、イギリス、インドの緑茶や紅茶のみならず、中央アジア、ロシア、トルコ、アフリカまで言及した、まさに「お茶の世界史」。日本茶、プラントハンター、ティーバッグ誕生秘話など、楽しい話題満載。　２０００円

スパイスの歴史《「食」の図書館》

フレッド・ツァラ／竹田円訳

シナモン、コショウ、トウガラシなど５つの最重要スパイスに注目し、古代〜大航海時代〜現代まで、食はもちろん経済、戦争、科学など、世界を動かす原動力としてのスパイスのドラマチックな歴史を描く。　２０００円

（価格は税別）

鮭の歴史　《「食」の図書館》

ニコラース・ミンク／大間知知子訳

人間がいかに鮭を獲り、食べ、保存（塩漬け、燻製、缶詰ほか）してきたかを描く、鮭の食文化史。アイヌを含む日本の事例も詳しく記述。意外に短い生鮭の歴史、遺伝子組み換え鮭など最新の動向もつたえる。　２０００円

レモンの歴史　《「食」の図書館》

トビー・ゾンネマン／高尾菜つこ訳

しぼって、切って、漬けておいしく、油としても使えるレモンの歴史。信仰や儀式との関係、メディチ家の重要な役割、重病の特効薬など、アラブ人が世界に伝えた果物には驚きのエピソードがいっぱい！　２０００円

牛肉の歴史　《「食」の図書館》

ローナ・ピアッティ＝ファーネル／富永佐知子訳

人間が大昔から利用し、食べ、尊敬してきた牛。世界の牛肉利用の歴史、調理法、牛肉と文化の関係等、多角的に描く。成育における問題等にもふれ、「生き物を食べること」の意味を考える。　２０００円

ハーブの歴史　《「食」の図書館》

ゲイリー・アレン／竹田円訳

ハーブとは一体なんだろう？　スパイスとの関係は？　それとも毒？　答えの数だけある人間とハーブの物語の数々を紹介。人間の食と医、民族の移動、戦争…ハーブには驚きのエピソードがいっぱい。　２０００円

コメの歴史　《「食」の図書館》

レニー・マートン／龍和子訳

アジアと西アフリカで生まれたコメは、いかに世界中へ広がっていったのか。伝播と食べ方の歴史、日本の寿司や酒をはじめとする各地の料理、コメと芸術、コメと祭礼など、コメのすべてをグローバルに描く。　２０００円

（価格は税別）

ウイスキーの歴史《「食」の図書館》
ケビン・R・コザー／神長倉伸義訳

ウイスキーは酒であると同時に、政治であり、経済であり、文化である。起源や造り方をはじめ、厳しい取り締まりや戦争などの危機を何度もはねとばし、誇り高い文化にまでなった奇跡の飲み物の歴史を描く。　２０００円

豚肉の歴史《「食」の図書館》
キャサリン・M・ロジャーズ／伊藤綺訳

古代ローマ人も愛した、安くておいしい「肉の優等生」豚肉。豚肉と人間の豊かな歴史を、偏見／タブー、労働者などの視点も交えながら描く。世界の豚肉料理、ハムその他の加工品、現代の豚肉産業なども詳述。　２０００円

サンドイッチの歴史《「食」の図書館》
ビー・ウィルソン／月谷真紀訳

簡単なのに奥が深い…サンドイッチの驚きの歴史！「サンドイッチ伯爵が発明」説を検証する、鉄道・ピクニックとの深い関係、サンドイッチ高層建築化問題、日本の総菜パン文化ほか、楽しいエピソード満載。　２０００円

ピザの歴史《「食」の図書館》
キャロル・ヘルストスキー／田口未和訳

イタリア移民とアメリカへ渡って以降、各地の食文化に合わせて世界中に広まったピザ。本物のピザとはなに？世界中で愛されるようになった理由は？　シンプルに見えて実は複雑なピザの魅力を歴史から探る。　２０００円

パイナップルの歴史《「食」の図書館》
カオリ・オコナー／大久保庸子訳

コロンブスが持ち帰り、珍しさと栽培の難しさから「王の果実」とも言われたパイナップル。超高級品、安価な缶詰、トロピカルな飲み物など、イメージを次々に変えて世界中を魅了してきた果物の驚きの歴史。　２０００円

（価格は税別）

脂肪の歴史　《「食」の図書館》

ミシェル・フィリポフ著　服部千佳子訳

絶対に必要だが嫌われ者…脂肪。油、バター、ラードほか、おいしさの要であるだけでなく、豊かさ（同時に「退廃」）の象徴でもある脂肪の驚きの歴史。良い脂肪／悪い脂肪論や代替品の歴史にもふれる。　２２００円

バナナの歴史　《「食」の図書館》

ローナ・ピアッティ＝ファーネル著　大山晶訳

誰もが好きなバナナの歴史は、意外にも波瀾万丈。栽培の始まりから神話や聖書との関係、非情なプランテーション経営、「バナナ大虐殺事件」に至るまで、さまざまな視点でたどる。世界のバナナ料理も紹介。　２２００円

サラダの歴史　《「食」の図書館》

ジュディス・ウェインラウブ著　田口未和訳

緑の葉野菜に塩味のディップ…古代のシンプルなサラダがヨーロッパから世界に伝わるにつれ、風土や文化に合わせて多彩なレシピを生み出していく。前菜から今ではメイン料理にもなったサラダの驚きの歴史。　２２００円

パスタと麵の歴史　《「食」の図書館》

カンタ・シェルク著　龍和子訳

イタリアの伝統的パスタについてはもちろん、悠久の歴史を誇る中国の麵、アメリカのパスタ事情、アジアや中東の麵料理、日本のそば／うどん／即席麵など、世界中のパスタと麵の進化を追う。　２２００円

タマネギとニンニクの歴史　《「食」の図書館》

マーサ・ジェイ著　服部千佳子訳

主役ではないが絶対に欠かせず、吸血鬼を撃退し血液と心臓に良い。古代メソポタミアの昔から続く、タマネギやニンニクなどのアリウム属と人間の深い関係を描く。暮らし、交易、医療…意外な逸話を満載。　２２００円

（価格は税別）

カクテルの歴史 《「食」の図書館》
ジョセフ・M・カーリン著　甲斐理恵子訳

氷やソーダ水の普及を受けて19世紀初頭にアメリカで生まれ、今では世界中で愛されているカクテル。原形となった「パンチ」との関係やカクテル誕生の謎、ファッションその他への影響や最新事情にも言及。

２２００円

メロンとスイカの歴史 《「食」の図書館》
シルヴィア・ラブグレン著　龍和子訳

おいしいメロンはその昔、「魅力的だがきわめて危険」とされていた!?　アフリカからシルクロードを経てアジア、南北アメリカへ…先史時代から現代までの世界のメロンとスイカの複雑で意外な歴史を追う。

２２００円

人はこうして「食べる」を学ぶ
ビー・ウィルソン著　堤理華訳

肥満、偏食、拒食、過食…わかってはいるけど、ではどうすればいい？　日本やフィンランドの例も紹介しつつ、食に関する最新の知見と「食べる技術／食べさせる知恵」を〝母親目線〟で探るユニークな書！

２８００円

砂糖の社会史
マーク・アロンソン／マリナ・ブドーズ著　花田知恵訳

奴隷たちの苛酷な労働から生まれた砂糖が農業、流通を変え、やがては世界を動かした。天国と地獄をあわせもつ「完璧な甘味」の社会史を、多くの図版とコラムもまじえ、わかりやすい記述で紹介。

２５００円

バーボンの歴史
リード・ミーテンビュラー著　白井慎一監訳

数々の伝説につつまれた草創期からクラフトバーボンが注目される現代まで、政治や経済にも光を当てて描く、はじめての本格的なバーボンの歴史。初心者もマニアも楽しめる情報満載の一冊。

３５００円

（価格は税別）

ケーキの歴史物語《お菓子の図書館》
ニコラ・ハンブル／堤理華訳

ケーキって一体なに？　いつ頃どこで生まれた？　フランスは豪華でイギリスは地味なのはなぜ？　始まり、作り方と食べ方の変遷、文化や社会との意外な関係など、実は奥深いケーキの歴史を楽しく説き明かす。　２０００円

アイスクリームの歴史物語《お菓子の図書館》
ローラ・ワイス／竹田円訳

アイスクリームの歴史は、多くの努力といくつかの素敵な偶然で出来ている。「超ぜいたく品」から大量消費社会に至るまで、コーンの誕生と影響力など、誰も知らないトリビアが盛りだくさんの楽しい本。　２０００円

チョコレートの歴史物語《お菓子の図書館》
サラ・モス、アレクサンダー・バデノック／堤理華訳

マヤ、アステカなどのメソアメリカで「神への捧げ物」だったカカオが、世界中を魅了するチョコレートになるまでの激動の歴史。原産地搾取という「負」の歴史、企業のイメージ戦略などについても言及。　２０００円

パイの歴史物語《お菓子の図書館》
ジャネット・クラークソン／竹田円訳

サクサクのパイは、昔は中身を保存・運搬するただの入れ物だった!?　中身を真空パックする実用料理だったパイが、芸術的なまでに進化する驚きの歴史。パイにこめられた庶民の知恵と工夫をお読みあれ。　２０００円

パンケーキの歴史物語《お菓子の図書館》
ケン・アルバーラ／関根光宏訳

甘くてしょっぱくて、素朴でゴージャス――変幻自在なパンケーキの意外に奥深い歴史。あっと驚く作り方・食べ方から、社会や文化、芸術との関係まで、パンケーキの楽しいエピソードが満載。レシピ付。　２０００円

（価格は税別）

ドーナツの歴史物語　《お菓子の図書館》

ヘザー・デランシー・ハンウィック／伊藤綺訳

世界各国に数知れないほどの種類があり、人々の生活に深く結びついてきたドーナツ。ドーナツ大国アメリカのチェーン店と小規模店の戦略、ドーナツ最新トレンド、高級ドーナツ職人事情等、エピソード満載！　２０００円

ニンジンでトロイア戦争に勝つ方法　上・下　世界を変えた20の野菜の歴史

レベッカ・ラップ／緒川久美子訳

トロイの木馬の中でギリシア人がニンジンをかじった理由は？　など、身近な野菜の起源、分類、栄養といった科学的側面をはじめ、歴史、迷信、伝説、文化まで驚きにみちたそのすべてが楽しくわかる。　各２０００円

シャーロック・ホームズと見る　ヴィクトリア朝英国の食卓と生活

関矢悦子

目玉焼きじゃないハムエッグや定番の燻製ニシン、各種お茶にアルコールの数々、面倒な結婚手続きや使用人事情、やっぱり揉めてる遺産相続まで、あの時代の市民生活をホームズ物語とともに調べてみました。　２４００円

紅茶スパイ　英国人プラントハンター中国をゆく

サラ・ローズ／築地誠子訳

19世紀、中国がひた隠しにしてきた茶の製法とタネを入手するため、凄腕プラントハンターが中国奥地に潜入。激動の時代を背景に、ミステリアスな紅茶の歴史を描いた、面白さ抜群の歴史ノンフィクション！　２４００円

美食の歴史２０００年

パトリス・ジェリネ／北村陽子訳

古代から未知なる食物を求めて、世界中を旅してきた人類。食は我々の習慣、生活様式を大きく変化させ、戦争の原因にもなった。様々な食材の古代から現代までの変遷や、芸術へと磨き上げた人々の歴史。　２８００円

（価格は税別）